ÉVALUATION FINANCIÈRE DES PROJETS D'INVESTISSEMENT POUR L'INGÉNIEUR

Joseph Martial Ribeiro

ÉVALUATION FINANCIÈRE DES PROJETS D'INVESTISSEMENT POUR L'INGÉNIEUR

L'Harmattan
Sénégal

10 VDN, Sicap Amitié 3, Lotissement Cité Police, DAKAR
senharmattan@gmail.com / senlibrairie@gmail.com

ISBN : 978-2-14-030549-8

EAN : 9782140305498

À une fratrie formidable
Marie-Hélène, Edith, Arnaldo, Evelyne, Cami, Fabrice

SOMMAIRE

ACRONYMES

CAPEX :	Dépenses en capital (de l'anglais « Capital expenditure »)
CF :	Flux de trésorerie (de l'anglais « Cashflow »)
CFE :	Flux de trésorerie provenant des activités d'exploitation
CFF:	Flux de trésorerie provenant des activités de financement
CFI :	Flux de trésorerie provenant des activités d'investissement
CMPC:	Coût moyen pondéré du capital
COGS:	Coût des ventes (de « Cost of goods sold » en anglais)
EAT:	Bénéfices après impôts (de « Earnings after taxes » en anglais)
EBIT:	Bénéfices avant intérêts et impôts (ou BAII) (de l'anglais « Earnings before interest and taxes »)
EBITDA:	Bénéfices avant intérêts, impôts et amortissement (ou BAIIA) (de l'anglais « Earnings before interest, taxes, depreciation and amortization »)
EBT :	Bénéfices avant impôts (de « Earnings before taxes » en anglais)
ENR :	Éléments non récurrents
FCF :	Flux de trésorerie disponible (de « Free cashflow » en anglais)

NOPAT :	Profit opérationnel net après impôts (de l'anglais Net operating profit after tax)
OPEX :	Dépenses d'exploitation (de l'anglais « Operational expenditures »)
PCGR :	Principes comptables généralement reconnus
SG&A :	Frais de vente, généraux et administratifs (de l'anglais « Selling, general and administrative expenses »)
TRI :	Taux de rendement interne
VAN :	Valeur actuelle nette

SYMBOLES

CF_t	*Flux de trésorerie (cash-flow) à la fin de la période t*
h	*Taux d'inflation annuel*
i	*Taux d'intérêt nominal*
k	*Taux d'actualisation*
n	*Nombre total de périodes*
r	*Taux d'intérêt réel*
t	*Période de temps*
T	*Taux d'imposition*
$\sum_{t=0}^{n}$	*Somme sur les périodes 0 à n*

FIGURES

TABLEAUX

AVANT-PROPOS

De nombreux ingénieurs et spécialistes-matière dans le monde moderne doivent jouer le rôle d'être non seulement un expert technique, mais aussi un directeur de projet d'investissement. De telles situations peuvent survenir dans différents contextes, par exemple au sein d'une entreprise existante, au sein d'une entité publique en charge des investissements dans les partenariats public-privé ou au sein d'organisations non gouvernementales, de gouvernements locaux ou de coopératives. Le professionnel peut également souhaiter s'impliquer dans l'entrepreneuriat pour des motivations d'épanouissement financier et / ou personnel. Dans tous les cas, il sera confronté à la nécessité de procéder ou de participer à des investigations financières qui constitueront la base de la prise de décision concernant les opportunités d'investissement. Ces opportunités peuvent concerner un projet autonome unique ou un ensemble de projets alternatifs.

Avoir une maîtrise fonctionnelle des dimensions et des implications financières d'un projet se révèle dès lors être une compétence précieuse. Cependant, force est de constater qu'elle fait souvent défaut aux ingénieurs et spécialistes-matière. Les connaissances pertinentes relatives à l'évaluation financière de projet ont, en effet, tendance à rester confinées aux seuls analystes financiers de métier. D'où la nécessité pour les ingénieurs et autres professionnels techniques d'acquérir des connaissances opérationnelles sur les outils et approches de prise de décision communs qui permettent de quantifier les avantages financiers qui peuvent être tirés d'un effort d'investissement et les risques financiers associés.

La connaissance des tenants et aboutissants de l'évaluation financière placera l'ingénieur et le spécialiste-matière au cœur de la prise de décision stratégique en matière de nouveaux projets ou de création d'entreprise, dans un écosystème en constante évolution, ne laissant ainsi pas l'évaluation financière et la priorisation de l'usage du capital d'investissement aux seuls experts financiers. Cette connaissance partagée créera un espace pour une synergie plus large et plus fructueuse entre les communautés de professionnels. Il est, de ce fait, amplement nécessaire pour tout ingénieur ou expert technique de se familiariser avec les termes et instruments financiers, afin de pouvoir se projeter en tant qu'entrepreneur ou d'avoir sa place parmi les décideurs lorsqu'il s'agit d'enjeux stratégiques d'une entreprise, ne se confinant pas ainsi aux seules questions opérationnelles. Il y avait une croyance de longue date voulant que la gestion soit une capacité héritée, de même pour le sens des affaires, mais ce n'est évidemment pas vrai ; c'est une compétence qui s'acquiert.

Le but de cet ouvrage est de contribuer à rendre les critères d'évaluation financière et les outils d'aide à la décision sur l'investissement plus largement accessibles aux ingénieurs et autres experts techniques en général. Il s'adresse au spécialiste non financier qui cherche à développer une solide connaissance de l'évaluation financière de projet, y compris la détermination de la viabilité de l'investissement, le calcul des indicateurs de performance et de rentabilité, la projection des états financiers et l'analyse des risques liés à l'investissement. L'investissement s'entend ici comme orienté vers des actifs matériels et immatériels pour la fourniture de biens ou de services et non comme un investissement dans des actifs financiers tels que des actions ou des obligations sur le marché financier. Dans cet ouvrage les termes « projet » et « entreprise » seront utilisés interchangeablement, une entreprise pouvant être crée dans le seul but de mener à bien un projet précis.

Par ailleurs, il importe de souligner que les gouvernements des pays en développement ont tout intérêt à se positionner comme des investisseurs aguerris car l'histoire montre que ce sont les états eux-mêmes qui créent la base de l'essor économique avec des entreprises stratégiques visant à défricher et structurer des secteurs économiques qui génèrent des coûts et des risques d'investissement initiaux importants. Il y a donc nécessité d'une diffusion plus large, à un niveau systémique des gouvernements nationaux et sub-nationaux, des compétences en matière d'investigation financière des projets dans les pays en développement. En effet, les principaux secteurs économiques potentiels qui peuvent avoir un effet en cascade bénéfique sur l'ensemble de l'économie y restent inexplorés, par exemple lorsqu'il s'agit de la transformation des matières premières produites localement pour développer les chaînes de valeur et obtenir de meilleurs prix sur le marché international. Le programme stratégique des gouvernements des pays en développement devrait favoriser l'émergence d'entreprises privées durables qui opéreront dans un environnement concurrentiel, qui constituera en fin de compte la base d'un développement économique durable. Cela témoigne également de la nécessité d'une diffusion plus large des compétences requises pour les analyses financières liées aux projets d'investissement.

Les commentaires des lecteurs seront les bienvenus et l'auteur peut être joint à l'adresse électronique joseph.ribeiro9404@gmail.com.

CHAPITRE I

INTRODUCTION

Le but d'une entreprise est de créer de la richesse pour ses propriétaires, ou en d'autres termes de générer des rendements financiers supérieurs aux coûts de sa création et de son fonctionnement. Ainsi, un élément fondamental de la prise de décision en matière d'investissement financier est le retour sur investissement qui se mesure de multiples façons et reste au centre de l'effort d'investigation. Le retour sur investissement est basé sur l'évaluation *ex ante* de la rentabilité d'un projet d'investissement, ce qui nécessite la collecte et le traitement d'une multitude de données financières.

L'importance d'une analyse financière solide ne peut donc être sous-estimée en ce qui concerne l'évaluation d'un projet, par exemple visant le développement d'un nouveau produit ou l'acquisition de nouveaux équipements dans le cadre de projets de type commercial ou industriel. De même, les avantages financiers doivent être évalués de manière approfondie par les responsables des investissements publics dans des cas tels que les partenariats public-privé.

De manière générale il est important de garder à l'esprit que le langage courant des affaires est la finance et le processus de prise de décision est basé sur des mesures ou des critères financiers. Pour naviguer confortablement dans le domaine financier, l'ingénieur doit assimiler des notions clés telles que celles de cycle de trésorerie, de levier financier, de mesure de performance opérationnelle, de valorisation de projet, de ratios d'investissement, de facteurs de performance et d'analyse de risques. Celles-ci seront discutées dans les différentes sections de ce livre, certaines plus en profondeur que d'autres conformément à la portée du livre.

1. LES ÉLÉMENTS DE BASE DE L'ANALYSE DES INVESTISSEMENTS

L'**évaluation de projet**, la **modélisation financière** et l'**analyse de risques** sont les trois pièces maitresses et aussi phases d'analyse dans la prise de décision d'investissement. Ces activités aboutissent à la préparation d'un **plan d'affaires** qui vise à démontrer comment le projet fonctionnera et comment il réussira dans son environnement, ainsi qu'à quantifier les gains financiers qui peuvent en être attendus.

L'évaluation de projet concerne la projection *ex-ante* des données financières, en particulier le **flux de trésorerie disponible** (*free cash-flow* en anglais) qui sera généré par le projet, et sa valorisation à travers différentes mesures, dont les plus courants sont la **période de récupération**, la **valeur actuelle nette**, le **taux de rendement interne**. Ces mesures serviront d'outils concurrents pour mieux comprendre le fonctionnement du projet et prendre des décisions sur sa configuration optimale, sa poursuite ou son abandon.

La modélisation financière part des ventes et charges du projet afin d'établir un ensemble de documents, à savoir les **États financiers** - **Compte de résultat**, **Bilan** et **Tableau des flux de trésorerie** - entre deux dates dans le futur. Ces documents permettent de calculer différents ensembles de **ratios financiers** qui quantifieront la performance de l'entreprise en termes de rentabilité et de potentiel de croissance.

L'**analyse de risques** est la phase de consolidation d'une analyse de projet et permet d'évaluer la probabilité que les gains recherchés se matérialisent ou, autrement dit, le risque qu'ils ne se matérialisent pas. Investir, c'est miser sur l'avenir et donc cela suppose d'accepter, en effet, des risques que les résultats recherchés ne se concrétisent pas, tout en les quantifiant et en prenant des mesures d'atténuation. D'où la nécessité d'une analyse de risques, qui passe par une **analyse de sensibilité**, une **analyse de scénarios** ou des outils plus avancés comme la **méthode de simulation Monte Carlo** ou les **options réelles**.

Le point commun à toutes ces phases et concepts est l'argent ou autrement dit les ressources financières. Toutes les entreprises commerciales utilisent l'argent comme une matière première qu'elles doivent payer au moyen de frais d'intérêts. L'argent est loué la plupart du temps auprès de banques commerciales ou de prêteurs privés et les paiements d'intérêts représentent le coût de la location. D'où la nécessité de rendements (sur investissement) suffisants pour faire face aux paiements d'intérêts et rembourser le principal du prêt. C'est un principe clé de la prospérité. Sans prospérité anticipée, il n'y aura pas d'investissement et une bonne maîtrise des dimensions financières et des risques associés est un élément critique dans la prise de décision concernant l'investissement dans des actifs productifs.

Dans cet ouvrage, l'accent est mis sur l'évaluation d'un projet d'investissement unique et autonome. Les aspects liés à la sélection entre des projets alternatifs ne sont abordés que brièvement.

2. LES OBJECTIFS FONDAMENTAUX D'UNE ENTREPRISE

La gestion des affaires est entreprise de telle manière que l'utilisation d'**actifs**, qui peuvent être physiques (tangibles) ou immatériels (e.g. brevets d'invention), permette de maximiser le profit, la croissance et les flux de trésorerie générés sur différentes périodes dans le temps. Ainsi, les quatre grands paramètres d'une entreprise sont les suivantes :

- Les **actifs fixes** (ou à long terme) dont elle dispose pour opérer et qui sont acquis ou pris moyennant frais de location et mis en service ; ceux-ci peuvent être tangibles tels que les immobilisations corporelles (bâtiments, machinerie et biens d'équipement divers) ou incorporels tels que les droits d'auteur, les brevets ou les licences ;

- Les **profits** qui seront tirés de l'utilisation de ces actifs et les revenus nets de la vente des produits une fois les dépenses et les impôts déduits ;
- La **croissance** que l'entreprise réalise au fil du temps, ce qui permet d'anticiper sur les niveaux de ventes et de bénéfices pour les propriétaires ;
- Le ***flux de trésorerie*** (ou *Cash-flow)* qui est similaire au sang à travers les organes d'un organisme vivant ou départements de l'entreprise ; sans un flux de trésorerie suffisant et soutenu, une entreprise s'effondrera car elle sera incapable de s'acquitter de ses obligations de paiement à court terme telles que les intérêts sur les prêts contractés.

C'est l'interconnexion entre ces quatre paramètres qui crée de la valeur d'entreprise, ce qui est la raison d'être de l'activité commerciale.

En conséquence, le management d'une entreprise existante ou nouvelle a essentiellement trois objectifs fondamentaux qui sont :

(i) Générer des rendements satisfaisants

(ii) Maintenir une situation financière saine, et

(iii) Assurer la croissance.

L'évaluation financière globale sert d'instrument pour déterminer la capacité du projet à satisfaire les trois objectifs clés qui correspondent à une rentabilité adéquate, une bonne santé financière et une croissance durable.

2.1. Rendements satisfaisants

Le premier objectif fondamental d'une entreprise est, comme mentionné ci-dessus, de réaliser un rendement ou un profit satisfaisant pour les investisseurs au vu des capitaux investis ; c'est-à-dire des rendements financiers qui compenseront l'investissement et rémunéreront les risques dans un horizon temporel délimité, correspondant à la **durée de vie économique du projet**.

Plus l'investissement est risqué ou spéculatif, plus la rémunération du risque qui sera exigée par les promoteurs ou les détenteurs de capital risque sera élevée. En outre, les bénéfices doivent être tels qu'ils fourniront des ressources supplémentaires pour permettre à l'entreprise de croître grâce aux réserves ou à la part des bénéfices non répartis. Ces derniers représentent la source de financement la plus sûre pour l'entreprise et constituent un signal fort de bonne santé financière.

En fait, une entreprise dispose essentiellement de trois sources d'argent neuf, à savoir le capital social ou l'argent du propriétaire, le capital emprunté par le biais du secteur bancaire ou les bénéfices non répartis générés par l'entreprise. Le rendement devrait idéalement être suffisamment important pour au moins sauvegarder intact le capital investi.

2.2. Bonne situation financière

Le deuxième objectif est de maintenir une situation financière saine eu égard aux risques de marché liés aux concurrents, aux nouveaux produits mis à disposition sur le marché, au risque de sur-fonctionnement (*overtrading*) qui est un risque financier élevé pouvant générer des problèmes de trésorerie et des emprunts importants.

La solidité de la situation financière d'une entreprise peut être appréciée sur la base de ses états financiers et du calcul de ratios d'entreprise qui peuvent être comparés aux concurrents ou aux normes du secteur dans lequel l'entreprise opère. Les avantages d'une situation financière saine comprennent un accès plus facile et moins coûteux aux sources de financement.

2.3. Croissance

Le troisième objectif est de parvenir à la croissance dans le sens où la simple réalisation de profits et de conditions de survie ne suffit pas ; il est nécessaire d'améliorer l'efficacité, de réaliser des économies d'échelle et d'améliorer la qualité des produits dans un environnement toujours plus compétitif. Tout comme l'économie d'un pays cherche à atteindre une croissance afin de répartir davantage de bénéfices durables pour ses citoyens, une entreprise visera à prospérer pour se développer, consolider sa position sur le marché et obtenir des rendements plus élevés pour ses propriétaires.

3. CONVENTIONS FONDAMENTALES

L'évaluation financière est effectuée sur la base de quelques conventions fondamentales qu'il est important de connaître et de comprendre.

3.1. Mesure en termes monétaires

La première convention est que les mesures sont effectuées en **termes monétaires**, et non, par exemple, en termes d'unités de produits vendus par l'entreprise ou de nombre d'heures de travail consommées. L'utilisation de la mesure monétaire pour enregistrer les transactions commerciales permet de comparer et d'évaluer les données comptables. De plus, seuls les faits de la vie du projet qui peuvent être monétisés ou exprimés en termes monétaires sont pris en compte et reflétés dans son appréciation.

3.2. Point de vue de l'entité commerciale

La seconde convention est qu'il existe une **entité commerciale** autonome. L'entreprise, quelle que soit sa forme juridique, est considérée comme une entité distincte de ses propriétaires et pour laquelle les registres sont conservés de façon séparée et exclusive. Les actifs et passifs sont définis du point de vue de l'entité commerciale. La participation des propriétaires dans l'entité commerciale est prise en compte par l'évolution de la valeur nette de l'entreprise.

3.3. Prise en compte de la valeur comptable

La troisième convention est que les coûts qui sont saisis dans les comptes de l'entité commerciale sont les **coûts historiques** i.e. les coûts défrayés à la date d'achat. Du point de vue temporel, les coûts sont reflétés dans le compte de l'entreprise selon leur **valeur comptable** qui est le coût d'achat plus les frais de livraison et d'installation moins l'**amortissement**. Par conséquent, à tout moment, un bilan (qui est un instantané de tout ce que l'entité commerciale possède et doit ; pour plus de détails, voir le chapitre 7) ne montre pas réellement la valeur actuelle d'une entreprise car les actifs sont présentés à leur valeur comptable. L'amortissement (discuté au chapitre 5) est un coût réel bien que non financier, dans le sens qu'il n'implique pas de mouvement de fonds. Il représente le taux de consommation d'un actif au cours de sa vie utile et permet à l'entreprise de générer des économies d'impôts tout en l'incitant à investir dans des actifs productifs à long terme. En fait l'amortissement constitue un gage de pérennité et de croissance de l'entité commerciale.

3.4. Pérennité de l'entité commerciale

La quatrième convention est qu'une entité commerciale est une entreprise en exploitation de manière pérenne, ce qui signifie que les rapports comptables supposent que l'entreprise continuera à opérer indéfiniment dans le futur, à moins qu'il n'y ait une raison spécifique de ne pas le supposer. Les actifs sont considérés comme générateurs de bénéfices et non comme étant disponibles à la vente. Les comptes sont ainsi préparés sur une base de continuité. Les seuls moments où une entreprise vend des actifs sont quand ceux-ci sont devenus obsolètes ou redondants d'une manière ou d'une autre, ou lorsqu'elle se trouve dans une situation financière désespérée et a besoin de liquidités urgentes pour faire face à ses engagements de trésorerie.

3.5. Analyse basée sur les flux de trésorerie

La cinquième convention est que l'argent liquide, et non le profit, est à la base de toutes les méthodologies d'évaluation financière. La raison en est que le profit est une notion comptable qui dépendra des réglementations et des pratiques applicables. En contraste, la trésorerie est une notion objective et il est important d'évaluer si l'entreprise en aura suffisamment pour faire face à ses obligations de paiement, faute de quoi elle peut faire faillite.

4. BUDGÉTISATION DES IMMOBILISATIONS

La **budgétisation des immobilisations** est l'exercice de prise de décision qui conduit à engager des ressources financières dans des décisions d'investissement à long terme telles que l'acquisition d'immobilisations corporelles, la fusion et l'acquisition par l'achat d'une autre entreprise, en engageant des ressources dans le développement d'une nouvelle gamme de produits, l'augmentation de la capacité de production de l'entreprise, etc. La budgétisation des immobilisations est un processus critique qui doit être réalisé en gardant à l'esprit les objectifs stratégiques de l'entreprise.

4.1. Types de projets d'investissement

Sur une base régulière, de nombreuses décisions doivent être prises en concordance avec l'objectif à long terme de maximiser la richesse des actionnaires à travers l'accroissement de la valeur de l'entreprise. Il s'agit de :

- *Décisions concernant le financement* basées sur la propension à contracter des prêts et à valoriser le capital des propriétaires avec les risques correspondants ;
- *Décisions concernant les dividendes* basées sur la structure du capital social et la politique de dividende de la société ;
- *Décisions concernant les investissements*, qui seront soit à long terme ou à court terme.

Les décisions d'investissement à long terme résultent de l'exercice de budgétisation des immobilisations. La budgétisation des immobilisations consiste à prendre des décisions sur la répartition des ressources financières pour l'investissement par l'entreprise, en vue d'atteindre ses objectifs à long terme. Il s'agit de la manière dont l'entreprise prend des décisions sur des investissements importants, sur des projets à long terme, pour satisfaire ses objectifs stratégiques. Les futures décisions d'investissement se répartissent en trois catégories qui sont :

- ✓ *Investissements complémentaires* signifiant l'accompagnement ou la valorisation d'une opération existante ; il s'agit notamment de projets d'extension (par exemple de la capacité des installations) ou de remplacement (par exemple d'équipements de production vieillissants ou obsolètes) ;
- ✓ *Projets individuels autonomes* qui impliquent une décision « d'acceptation ou de rejet » ; et
- ✓ *Projets concurrents* qui impliquent le choix de celui de plusieurs projets qui produirait les meilleurs résultats dans le contexte de la prise de décision et du rationnement du capital en raison de ressources financières limitées.

Les projets examinés peuvent, les uns par rapport aux autres, être considérés comme : *Indépendants*, c'est-à-dire que la réalisation de l'un ne conditionne pas la réalisation de l'autre ; *Mutuellement exclusifs*, c'est-à-dire que l'un ou l'autre des projets peut être entrepris ; *Contingent*, ce qui signifie que poursuivre l'un est conditionnel à la poursuite d'un autre.

Quelle que soit la catégorie de projet envisagé, il est important d'évaluer tous les aspects d'une décision d'investissement, ce qui constitue le but de l'exercice d'évaluation financière.

4.2. Caractéristiques des projets d'investissement

Les deux dimensions fondamentales d'un projet d'investissement à long terme sont un montant élevé de décaissement initial et le flux ultérieur d'avantages que le projet générera. L'équilibre entre les deux affectera la rentabilité future de l'entreprise (capacité à générer de la richesse) et la liquidité (trésorerie disponible) ; il est donc important qu'une analyse complète des coûts-avantages du projet soit menée *ex ante* à des fins de décision.

La sortie de trésorerie initiale sera constituée d'investissements en immobilisations à long terme telles que les bâtiments, ouvrages de génie civil et équipements, qui sont des **immobilisations corporelles**, ou l'acquisition de droits de concession, licences, droits d'auteur ou brevets, qui sont des **immobilisations incorporelles** ; et en **fonds de roulement**, qui représentent une injection temporaire de liquidités pour répondre à la phase de démarrage de l'entreprise et couvrir, par exemple, l'inventaire initial. Le décaissement initial peut avoir lieu en totalité juste avant le début du projet (c'est-à-dire au moment du bouclage financier ou de l'année zéro de la vie du projet) ou au cours des premières années du projet.

Après le lancement de l'opération du projet, il y aura une récurrence des entrées de trésorerie en termes de revenus supplémentaires (qui peuvent également prendre la forme d'économies, par exemple dans un projet visant à augmenter l'efficacité opérationnelle d'une entreprise existante) générés par le projet sur sa durée de vie ou, en d'autres termes, au cours de sa vie économique.

La valeur nette des revenus générés par le projet sera dans tous les cas conditionnée par les cinq catégories de dépenses suivantes que le projet devra couvrir : *(i)* les coûts directs de production ; *(ii)* les frais généraux ; *(iii)* l'amortissement des actifs ; *(iv)* les frais d'intérêts et *(v)* les impôts sur les bénéfices des sociétés.

L'évaluation de la rentabilité différera si la valeur temporelle de l'argent est prise en compte ou non. Si la valeur temporelle de l'argent est prise en compte, le taux d'actualisation, qui est la rémunération minimale requise par les promoteurs du projet pour investir, sera un autre facteur de conditionnement clé. Tous les éléments ci-dessus affectent la décision de budgétisation des immobilisations.

Enfin, un projet doit être envisagé comme un organisme vivant qui devra prospérer et survivre dans un environnement agressif et tous les éléments majeurs d'incertitude doivent être intégrés dans la prise de décision par le biais de l'analyse de risques. De nombreux échecs de projets peuvent être attribués à un manque de définition appropriée des aspects marketing, techniques, environnementaux et sociaux ou financiers, et / ou à des événements imprévus dont les effets auraient toutefois pu être atténués si une analyse approfondie des risques avait été menée et un plan de gestion de risque mis en place.

CHAPITRE II

DÉVELOPPEMENT DE PROJET

Un projet a pour vocation de transformer une idée en réalité et son objectif est d'augmenter la richesse de ses promoteurs à travers la satisfaction de besoins en biens ou services identifiés sur un marché. Une entreprise existante peut être envisagée comme un ensemble de projets et, réciproquement, les projets peuvent être considérés comme les composants élémentaires d'une entreprise.

1. CYCLE DE VIE DE PROJET

La vie d'un projet d'investissement peut être subdivisée de plusieurs manières, l'une d'elle consistant en quatre phases générales comme suit :

- Phase dite de *développement* ou de *formulation* ou de *préinvestissement*
- Phase d'*investissement*
- Phase d'*exploitation* ou d'*opération*
- Phase de *mise hors service* ou de fermeture

Celles-ci sont examinées ci-dessous et leurs principaux résultats attendus sont présentés dans la figure 2.1.

Figure 2.1 : Le cycle de vie de projet

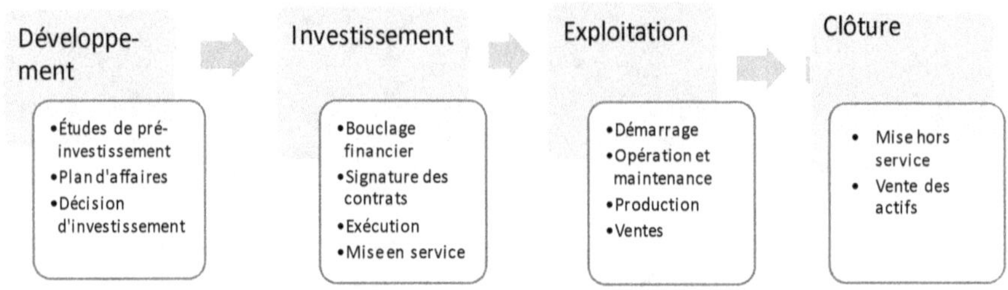

1.1. Phase de développement

Un projet se caractérise par des paramètres clés tels que le secteur d'activité (par exemple l'immobilier ou les services commerciaux), sa durée de vie économique (nombre d'années qu'il sera opérationnel), l'investissement initial nécessaire (investissement en capital et besoin en fonds de roulement), la performance financière (période de récupération et rendements) et les risques associés. Le développement de projet vise à fournir des réponses à toutes ces questions sur une base *ex ante*, c'est-à-dire avant que la décision d'investissement ne soit prise.

La **phase de développement** comprend des études d'investigation et des analyses sur différents aspects en vue de définir le produit et les contours de projet et de présenter une **analyse de rentabilisation** pour la prise de décision par les porteurs de projet. L'objectif de la phase de développement est la définition, l'évaluation et la présentation d'une analyse de rentabilisation du projet.

Une bonne analyse de projet d'investissement comprend une évaluation du marché des intrants et des extrants, l'emplacement de l'unité de production, la capacité et la technologie, les rendements financiers, les coûts et avantages de l'investissement pour la société et une évaluation de risques. Une fois la décision d'aller de l'avant prise, les dossiers d'appel d'offres pour l'acquisition de biens et de services sont préparés et les projets de contrats également avant le **bouclage financier**, c'est-à-dire une contribution financière effective des promoteurs et des prêteurs. Il s'agit donc d'un exercice complexe qui se déroule par étapes mais aussi de manière dynamique et synergique.

Les études de développement et la préparation de l'analyse de rentabilisation ont un coût que les promoteurs de l'entreprise préfinanceront normalement et récupéreront dans le cadre du coût global du projet si la décision est prise de poursuivre ce dernier. Ce livre concerne les activités de préinvestissement dans le cadre d'un projet d'investissement. Les gammes d'analyses entreprises pendant la phase de développement sont présentées dans la section 2.2.

1.2. Phase d'investissement

La **phase d'investissement** concerne la signature des contrats de fourniture des biens et services requis et la gestion efficace de la mise en œuvre par l'équipe de projet, sous la direction générale d'un comité de pilotage. Le suivi des progrès et de la réalisation des objectifs intermédiaires est un élément clé qui relève de la dimension du suivi et de l'évaluation. La phase d'investissement se termine par la mise en service des installations. Des activités telles que la commercialisation de préproduction sont également incluses pour préparer la commercialisation du produit lors de la phase suivante, la phase d'exploitation.

1.3. Phase d'exploitation

La **phase d'exploitation** prend effet avec le démarrage et la montée en puissance de la production. Les activités d'exploitation et de maintenance, de production et de commercialisation ont lieu régulièrement pendant la durée de vie économique du projet. La phase d'exploitation se déroule tout au long de la vie économique du projet et nécessite une attention constante de la direction pour maintenir le projet sur la bonne voie en ce qui concerne ses objectifs commerciaux et stratégiques, le respect des obligations de l'entreprise (service de la dette et dettes fiscales) ainsi qu'en ce qui concerne la rémunération des promoteurs du projet.

1.4. Phase de mise hors service

La **phase de démantèlement** ou de *mise hors service* consiste à mettre fin aux activités du projet et à vendre les actifs. Cela peut être dicté par l'obsolescence programmée des principaux actifs (par exemple, la durée de vie économique d'un projet hydroélectrique dépendra de la durée de vie utile du barrage lui-même, c'est-à-dire généralement d'environ 30 à 40 ans) ou la fin d'une période de concession. Dans certains types de projets tels que l'exploitation minière, le site doit être remis dans son état d'origine, ce qui génère des coûts non négligeables à la fin de la vie économique du projet.

2. GAMME D'ANALYSES

La phase de développement comprend les études préliminaires, l'analyse de risques et la préparation de l'analyse de rentabilisation. Celles-ci englobent les différents types d'études qui serviront à structurer et à fonder la décision d'investissement. Les études préliminaires elles-mêmes peuvent être regroupées en analyses primaires et analyses dérivées.

Les analyses primaires comprennent l'analyse de marché, l'analyse technique et l'analyse d'impact environnemental et social. Les analyses dérivées sont l'analyse financière et l'analyse économique. L'analyse de risques intervient pour apprécier la robustesse de la rentabilité attendue du projet face aux évolutions de son environnement opérationnel. Un projet peut faire face à des situations inattendues, par exemple résultant de ventes effectives ou des coûts de production, et l'analyse de risques a pour but de déterminer leurs impacts sur la valeur générée par le projet. La préparation du plan d'affaires met fin aux études de développement et prépare le terrain pour la décision d'investissement par les promoteurs et financiers. Les études thématiques nécessaires à la préparation du projet et leurs principaux livrables sont illustrés dans la figure 2.2 ; l'ordre de séquencement présenté ne doit pas être considéré comme fixe mais comme une synergie globale, une étude s'appuyant sur l'autre.

Figure 2.2 : Études thématiques pour le développement de projet

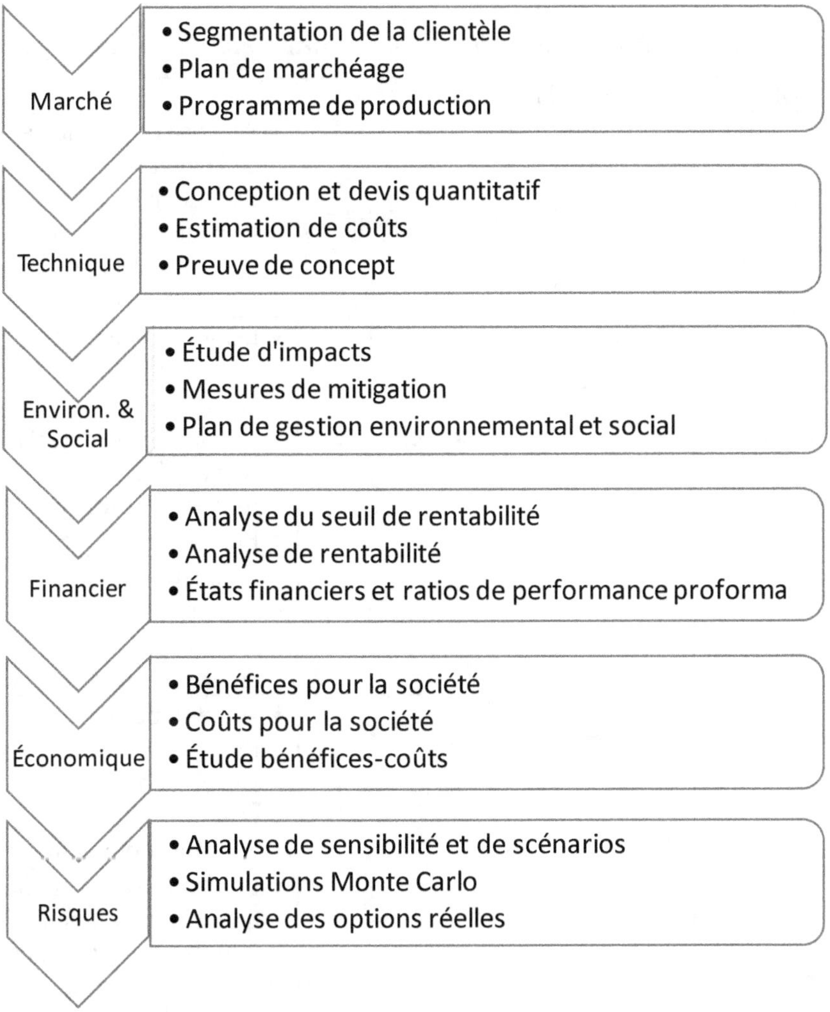

Le tableau 2.1 résume la gamme des études de développement pour un projet et les résultats attendus. Bien entendu, le niveau de profondeur des études dépendra de la nature du projet, plus le niveau d'investissement requis est élevé, plus une analyse approfondie s'avérera nécessaire. Cependant, d'une manière ou d'une autre, toutes les analyses sont mises en œuvre même si cela est souvent fait de manière intuitive pour des projets de plus petite taille. Les différentes études sont discutées plus en détail ci-après.

Tableau 2.1 : Études de préinvestissement et leurs livrables typiques

ÉTUDES DE PRÉINVESTISSEMENT			
Études préliminaires	Analyses primaires	Analyse de marché	• Analyse de segmentation de la clientèle • Plan de marchéage (5 P : Produit – Prix – Promotion – Place – Personnel) • Programme de production
		Analyse technique	• Dimensionnement (Conception technique) • Devis quantitatif • Estimation de coûts (CAPEX, fonds de roulement, OPEX) • Preuve de concept
		Étude d'impact Environnemental et social	• Évaluation d'impacts • Mesures de mitigation • Plan de gestion environnementale et social
	Analyses dérivées	Analyse financière	• Analyse du seuil de rentabilité • Évaluation de la profitabilité • Modélisation financière
		Évaluation économique	• Évaluation des bénéfices (e.g. création d'emplois, impôts payés, gains en devises, structuration du secteur économique) • Évaluation des coûts environnementaux et sociaux • Évaluation coûts-bénéfices sur la base de prix économiques

Analyse de risques	• Étude de sensibilité • Analyse de scénarios • Simulations Monte Carlo • Analyse des options réelles
Plan d'affaires	• Résumé des conditionnalités du projet ; produits ; stratégie de marché ; ressources employées ; impacts environnementaux et sociaux. • Prévision de la performance financière et économique. • Évaluation des risques opérationnels, commerciaux et politiques. • Recommandations aux promoteurs et aux prêteurs.

3. Analyse de marché

L'**analyse de marché** est la première étape de la collecte et de l'évaluation des données pertinentes pour le projet. L'évaluation d'un projet implique d'évaluer l'adéquation stratégique du projet avec les objectifs à long terme des promoteurs ou de l'entreprise, d'une part, et les opportunités du produit sur le marché, d'autre part. Il est nécessaire de faire une distinction entre le produit et le projet car pour le même projet, différents types de produits pourraient être définis.

L'analyse marketing vise à définir le **concept du projet**. La démarche implique la réalisation de tests de concept ou l'établissement d'une preuve de concept ; l'identification des composants ou des attributs ; l'analyse des agents impliqués et la définition du produit du projet.

L'analyse de marché a pour fondement des enquêtes préliminaires sous forme de recherche documentaire et de recherche marketing ainsi que d'études générales concernant le cycle de vie des produits, l'analyse sectorielle, l'analyse de la concurrence, l'étude du potentiel du marché, des études juridictionnelles et fiscales.

Les études de marché et commerciales incluent la segmentation de la clientèle ou l'évaluation des besoins du produit dans la zone ou la population cible, ce qui servira de base pour affiner le concept du produit et déterminer les niveaux de production. Le Plan de marchéage (ou 5 P pour le produit, le prix, la promotion, la place et les personnes) est déterminé ainsi que les coûts associés tels que les frais de force de vente et de distribution. Les résultats de l'analyse de marché comprennent notamment une prévision des revenus de ventes, ce qui constitue la pierre angulaire de la projection de la performance du projet. Par conséquent, la robustesse des données est fondamentale.

4. ANALYSE TECHNIQUE

Le but de l'**analyse technique** est de permettre la construction ou la location appropriée pour les installations du projet, d'acquérir l'équipement de production requis, de déterminer le coût de mise en œuvre du projet ainsi que le phasage et la durée de sa mise en œuvre.

Prenant en données d'entrée les spécifications du produit et les niveaux de production déterminés à partir de l'analyse de marché, l'analyse technique procède au dimensionnement (conception technique) du projet, établit le devis quantitatif ainsi que les besoins d'investissement initial du projet, ainsi que les frais de fonctionnement et entretien. L'analyse technique sera basée sur les options technologiques et les plans de sauvegarde déterminés à partir des réglementations sociales et environnementales existantes. Du point de vue de l'analyse financière, l'analyse technique déterminera trois catégories d'intrants : *(i)* le profil des coûts d'investissement (ou CAPEX pour les dépenses en capital) ; *(ii)* le profil des coûts d'exploitation ; et *(iii)* les besoins de financement en fonds de roulement.

4.1. Catégories d'acquisitions

Il existe essentiellement trois catégories d'**acquisitions** requises dans le cadre de la mise en œuvre d'un projet afin de le préparer, le mettre en œuvre et l'exploiter.

- Les **biens**, qui sont des produits physiques tels que des machines et autres équipements de production, des équipements informatiques, des véhicules, des fournitures de bureau, etc. Le prix des biens comprend normalement la fourniture et l'installation.
- Les **travaux** (ou travaux de génie civil), qui comprennent des activités de construction, rénovation, d'extension ou de réparation d'usines ou de bâtiments.
- Les **services** qui incluent des **services de conseil** ou des **services professionnels**. Les services de conseil sont ceux liés au développement du projet et sa mise en œuvre (par exemple les études de faisabilité et les services de gestion de projet). Les services professionnels sont, quant à eux, normalement exigeants en équipement et sont par des exemples sont les sondages géotechniques ou les levées topographiques sur le terrain pour la collecte de données.

Les entreprises sont généralement les fournisseurs de biens et de travaux, tandis que les services peuvent être fournis par des bureaux de consultants ou des particuliers. Voici un aperçu des étapes des activités d'acquisition :

- Définition des spécifications techniques des objets d'acquisition
- Préparation des dossiers d'appel d'offres
- Publicité des appels d'offres
- Réception et évaluation des offres
- Adjudication du marché et signature du contrat

Les documents d'appel d'offres et les contrats doivent être élaborés à l'aide de modèles standard appropriés et soigneusement vérifiés. L'**estimation des coûts** est un produit clé de l'analyse technique et diverses approches sont utilisées en fonction du degré de précision et de détail recherché. Celles-ci sont décrites ci-dessous.

4.2. Catégories d'estimation des coûts

Le coût des immobilisations corporelles ou installations du projet (propriétés, unités de production et équipement) est une composante majeure des **dépenses en capital** (CAPEX), il est donc important d'obtenir des estimations de coûts aussi précises que possible à toutes les étapes. Une surestimation ou une sous-estimation des coûts peut conduire à sous-estimer ou surestimer, respectivement, la viabilité financière du projet.

Les catégories et la plage d'exactitude des estimations de coûts peuvent être décrites comme suit à titre indicatif :

Tableau 2.2 : Catégories d'estimation des coûts et marge d'erreur

CATÉGORIE D'ESTIMATIF	**MARGE D'ERREUR**
Ordre de grandeur	±30%
Préliminaire	±20%
Budget (Basique)	±10%
Détaillé (Définitif)	±5%

La principale différence réside dans la précision et plus la précision est élevée, plus l'effort et les collectes de données sont nécessaires.

4.3. Estimation en ordre de grandeur

Les **estimations en ordre de grandeur** sont obtenues par une approche analogique, c'est-à-dire en utilisant le coût connu d'une installation similaire et en ajustant pour : *(i)* la taille ou la capacité ; *(ii)* le temps et / ou *(iii)* l'emplacement. Les approches analogiques nécessitent le moins d'efforts et peuvent être utiles au stade où l'opportunité du projet est évaluée sommairement.

❖ ***Ajustement pour la taille ou la capacité***. La capacité est définie comme le paramètre qui caractérise la taille ou la production potentielle d'un projet. La technique du modèle exponentiel, est largement utilisée pour l'ajustement de la capacité et relie le ratio des coûts au ratio de la capacité. Soit S_1 et C_1 respectivement la capacité et le coût d'un projet connu ; le coût C_2 pour un projet de capacité S_2 est estimé à travers la relation suivante :

$$\frac{C_2}{C_1} = \left(\frac{S_2}{S_1}\right)^x \qquad (2.1)$$

Où x est appelé « **facteur de capacité** » ou « facteur de coût exponentiel » et varie généralement de 0,5 à 0,9. La relation du modèle exponentiel reflète une économie d'échelle. Par exemple, un facteur de capacité de 0,585 signifie que le coût d'un projet n'augmentera que 1,5 fois lorsque sa capacité sera doublée. Les facteurs de capacité sont publiés par les associations professionnelles pour les différents secteurs d'activité.

❖ ***Ajustement pour le temps***. La normalisation temporelle utilise des **indices de coût**, qui sont des nombres sans dimension qui indiquent une hausse des prix dans le temps par rapport à une année de base, reflétant l'inflation. Si C_n et I_n sont respectivement le coût et la valeur de l'indice pour l'année *n*, et C_k et I_k sont le coût et la valeur de l'indice pour l'année k, alors nous avons la relation suivante :

$$\frac{C_n}{C_k} = \frac{I_n}{I_k} \qquad (2.2)$$

Les indices économiques sont publiés dans tous les pays.

❖ ***Ajustement pour l'emplacement***. Les coûts moyens applicables à une zone géographique (par exemple, les données des publications *RSMeans* aux États-Unis) peuvent être ajustés à des emplacements spécifiques à l'aide d'un **facteur de localisation** :

$$Coût_{\ Localisation} = Coût\ de\ base \times Facteur\ de\ localisation \qquad (2.3)$$

L'exemple suivant présente un cas d'estimation des coûts par ajustements.

Exemple 2.1 : Ordre de grandeur de coût

Question : Une centrale solaire photovoltaïque au Sénégal construite en 2017 et d'une capacité de 20 mégawatts a coûté 26 millions d'euros. Estimer le coût d'une centrale solaire photovoltaïque similaire de 25 mégawatts au Burkina Faso en 2022. Les hypothèses sont les suivantes : indice des prix au Sénégal en 2017 de 400 ; indice des prix au Sénégal en 2022 de 475 ; Facteur de localisation pour le Burkina Faso par rapport au Sénégal de 1,15 ; Le facteur de capacité est de 0,75.

Réponse : En procédant à l'ajustement de la capacité un à l'aide de l'Eq. 2.1 on trouve l'estimation pour une centrale de 25 mégawatts au Sénégal en 2017 comme 26 * (25/20) 0,75 = 31 M €. Cela signifie qu'une centrale solaire de 25 mégawatts au Sénégal en 2017 aurait coûté 31 M €. L'ajustement pour le temps peut se faire en utilisant eq. 2.2 et on trouve 31 * (475/400) = 36 M €. Une centrale solaire de 25 mégawatts au Sénégal en 2022 est ainsi estimée à 36,5 M €. Et enfin l'ajustement de l'emplacement est réalisé en utilisant eq. 2.3 et on trouve 36 M € * 1,15 = 42 M € pour la construction d'une centrale solaire de 25 mégawatts au Burkina Faso en 2022.

4.4. Estimations préliminaires

Les **estimations préliminaires** utilisent des fonctions paramétriques dérivées de l'analyse statistique de grands ensembles de données au sein d'une industrie, généralement avec la technique connue sous le nom d'analyse de régression.

4.5. Estimations de budget

Les **estimations de budget** utilisent des fonctions de production conceptuelle (entrées-sorties) qui peuvent être sous la forme d'un modèle mathématique ou d'un modèle physique. Ce sont des modèles conceptuels assez spécialisés qui varient selon l'industrie.

4.6. Estimations détaillées

Les **estimations détaillées** sont normalement basées sur les devis des fournisseurs. Un tel niveau de précision n'est pas requis lorsque le projet est encore à un niveau conceptuel, mais est nécessaire au stade de la prise de décision ou de l'exécution.

Les estimations détaillées sont obtenues en appliquant les **coûts unitaires** aux postes du **devis quantitatif** préparés à l'étape de la conception technique par l'équation générale suivante :

$$Coût = coût\ unitaire * quantité \quad (2.4)$$

Au niveau le plus raffiné, l'utilisation des coûts unitaires pour une estimation détaillée est mise en œuvre par un métreur.

5. Analyse environnementale et sociale

L'impact du projet sur son environnement physique, économique et social doit être évalué et les effets négatifs atténués.

Une **évaluation environnementale** préliminaire est normalement effectuée aux premiers stades de la formulation du projet. À la suite de cette enquête de cadrage, des termes de référence pour des études plus approfondies par des consultants spécialisés seront élaborés en vue de la préparation d'un plan de gestion environnementale et sociale détaillé ou d'une étude d'impact environnemental détaillée.

Des dispositions institutionnelles et financières doivent être prises ultérieurement pour la mise en œuvre des **mesures de mitigation** des impacts négatifs.

6. Analyse financière

Un projet implique l'acquisition d'un ensemble d'actifs (par exemple des installations de production et des équipements) pour la réalisation d'un produit (objet physique ou un service), il s'agit donc d'une dépense immédiate de ressources financières pour la réalisation d'avantages futurs. Les avantages futurs prendront la forme de flux de trésorerie pendant la phase d'exploitation du projet. L'**analyse financière** concerne la détermination de la viabilité et de la rentabilité de l'investissement par l'analyse du flux de trésorerie généré par rapport aux coûts d'investissement.

Un projet est financièrement viable s'il crée plus de richesse que la valeur des ressources qu'il consomme ; plus il crée de la richesse pour ses propriétaires vis-à-vis du niveau d'investissement requis, plus il est rentable.

L'analyse financière peut être menée pour une seule période d'exploitation du projet (par exemple un an) ou pour toute la durée de la vie économique du projet.

Dans le premier scénario, l'**analyse Coût-Volume-Profit** ou l'**analyse du seuil de rentabilité** est utilisée pour déterminer les niveaux de production ou de ventes nécessaires pour atteindre l'équilibre. L'**analyse de contribution** permet de déterminer le profit réalisable pour un niveau de ventes donné ou, vice-versa, le niveau de ventes requis pour réaliser un profit donné. Ces approches sont présentées en détail au chapitre 3.

Dans le second scénario, le **flux de trésorerie disponible** (*free cash-flow* en anglais) généré par le projet, c'est-à-dire le montant net d'argent dégagé à la fin de chaque période d'exploitation (par exemple un an) après le paiement de toutes les charges d'exploitation, intérêts et impôt sur les sociétés, est calculé et des critères sont utilisés pour évaluer le rendement du projet. Certains critères tels que la **période de récupération** et le **taux de rendement comptable** ne tiennent pas compte de la valeur temporelle de l'argent tandis que d'autres tels que la **valeur actuelle nette** (VAN), le **taux de rendement interne** (TRI) intègrent la valeur temporelle de l'argent. Ces éléments font l'objet des chapitres 4, 5 et 6.

Une fois que le projet est jugé comme une opportunité valable pour investir conformément aux critères d'évaluation mentionnés ci-dessus, un **modèle financier** peut être construit pour aider à prédire sa performance période après période dans le futur. Le modèle financier est normalement construit autour des trois états financiers standard (**Bilan**, **Compte de résultat** et **Tableau des flux de trésorerie**). Les états financiers et la modélisation financière sont présentés dans les chapitres 7 et 8 respectivement.

La performance du projet peut ensuite être évaluée à l'aide de l'**analyse de ratios**, qui met en jeu différents types de ratios calculés sur la base des données des états financiers, ou de l'**analyse des tendances** qui consiste à examiner l'évolution temporelle de certains indicateurs de performance. Ceux-ci sont abordés au chapitre 9.

La robustesse des résultats financiers projetés est normalement évaluée au moyen d'un exercice d'**analyse de risques**, ce qui fait l'objet du chapitre 10.

L'analyse financière est normalement menée à partir des trois points de vue suivants : *(i)* Actif total *(ii)* Propriétaires (fonds des propriétaires) ; et *(ii)* Capital-risque. La perspective de l'actif total, à savoir qui regarde l'entreprise dans son entièreté, est celle utilisée tout au long de ce livre.

7. ANALYSE ÉCONOMIQUE

L'**analyse économique**, également appelée analyse coûts-avantages, vise à évaluer les mérites et les impacts d'un projet d'investissement à l'échelle de l'économie nationale.

Les avantages ou mérites du projet sont des impacts positifs tels que la création d'emplois ou la promotion de la concurrence dans un secteur. Plus les mérites du projet seront conformes aux objectifs des politiques sociales, plus il sera utile pour la société dans son ensemble.

Les coûts du projet peuvent être de nature environnementale et sociale comme l'épuisement des ressources naturelles ou la pollution.

L'analyse coûts-avantages met en jeu tous les impacts positifs et négatifs du projet et utilise des prix économiques qui reflètent la vraie valeur sociale de chaque composante pour arriver à certains critères d'évaluation, tels que le **Taux de rentabilité économique**.

Ce livre n'explore pas l'analyse économique mais uniquement l'analyse financière.

8. ANALYSE DE RISQUES

Les risques liés à un projet découlent de l'incertitude concernant certaines dimensions du projet, par ex. le niveau des ventes réel, ou concernant des paramètres externes tels que la stabilité politique dans le pays où le projet est mis en œuvre. Le but de l'analyse de risques est d'identifier les principales sources de risques, d'évaluer leur probabilité et de déterminer leur impact et ainsi les mesures d'atténuation appropriées. Les risques externes au projet, tels que les questions politiques, dépassent la portée de ce livre, qui ne traite que des risques spécifiques au projet.

Le risque associé au chiffre d'affaires est la principale préoccupation des promoteurs de projet. Le but de l'analyse de risques est de vérifier la solidité des résultats de l'évaluation de la performance financière du projet menée *ex ante* vis-à-vis des hypothèses retenues. Les outils généralement utilisés sont l'**analyse de sensibilité**, l'**analyse de scénarios** et la **simulation de Monte Carlo**. Un autre niveau d'analyse de risques est l'analyse des **Options réelles**, qui vise à évaluer les décisions optimales qui peuvent être prises au cours de la vie économique du projet afin de maximiser les gains pour les promoteurs en fonction des conditions existantes.

L'analyse de risques est une activité nécessaire pour compléter l'évaluation financière d'un projet et fait l'objet du chapitre 10.

9. JALONS DE DÉVELOPPEMENT DU PROJET

Les analyses citées ci-dessus ne sont pas effectuées de manière linéaire, mais de manière systémique, envoyant ainsi une rétroaction mutuelle les unes par rapport aux autres. L'ensemble des six études thématiques – de marché, technique, d'impact environnemental & social, financier, économique et de risques - sont menées de manière itérative avec des étapes de raffinement progressif en vue d'optimiser la configuration du projet. Les notes ou rapports suivants sont successivement remis aux porteurs de projet à l'issue des différentes étapes :

- Identification du projet ;
- Étude d'opportunité ;
- Étude de préfaisabilité ;
- Étude de faisabilité ;
- Plan d'affaire.

Figure 2.3 : Jalons de développement du projet

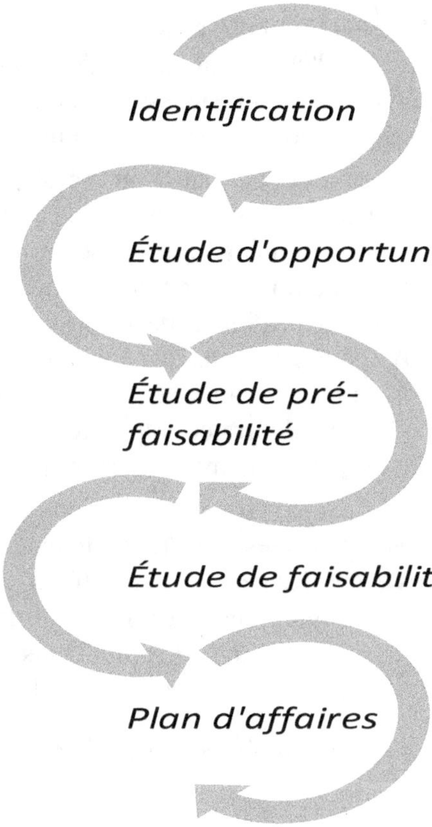

Après la remise de chacun des rapports des étapes citées ci-dessus, les promoteurs décident de passer ou non à l'étape suivante de l'enquête, ce qui a bien sûr des implications financières. Le total des coûts de développement des études ci-dessus constitue les **coûts de développement du projet**. Ils représenteront généralement environ 4 à 8% du coût total du projet. À la suite de la présentation de l'analyse de rentabilisation, qui synthétise les résultats de l'étude de faisabilité (qui est en fait une étude d'optimisation de la configuration du projet pour un gain maximum), les propriétaires décident d'investir ou non dans la réalisation du projet sur la base d'un **plan d'affaire**.

9.1. Identification du projet

Cette toute première étape fait référence à l'identification d'une opportunité d'investissement qui découle d'une évaluation des besoins ou de la reconnaissance d'un problème. Cela donne naissance, dans un premier temps, à une **idée de projet** et, dans un second temps, à un **concept de projet**.

L'analyse d'un secteur économique dans un pays peut montrer des opportunités, par exemple, dans le tourisme médical ou l'agro-industrie dans une géographie spécifique, qui constituent des idées de projets qui doivent être évaluées au préalable en tenant compte de l'environnement réglementaire en vigueur, de la facilité de faire des affaires, de la possibilité d'accéder aux ressources et aux clients, d'expériences dans des contextes similaires, etc. Le but est d'identifier les idées de projets qui valent la peine d'être poursuivies dans le sens de ce que ces derniers pourraient rapporter aux promoteurs dans un contexte de risques et de ressources d'investissement limités.

Après l'identification d'une idée de projet, des sessions de remue-méninges sur les concepts de projets possibles qui répondraient au besoin ou à l'opportunité sont conduites et ces derniers sont élaborés et examinés vis-à-vis de leur adhésion au contexte et hiérarchisés en fonction de leurs avantages prévisibles et de la facilité de mise en œuvre. Ce processus conduit à une liste hiérarchisée de projets possibles. Ceci est illustré dans la figure 2.4.

Figure 2.4 : Examen des concepts de projet

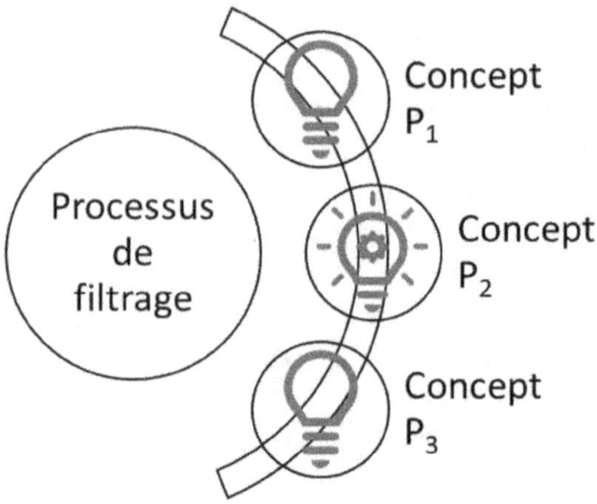

Le **concept de projet** est la manière dont le besoin identifié sera traité, il est différent de l'idée de projet qui est l'idée de répondre au besoin en soi. Par conséquent, il est important de faire une distinction entre l'idée de projet et le concept de projet car une idée peut conduire à divers concepts concurrents. L'idée de projet est définie par le résultat souhaité tandis que le concept de projet est défini par les produits spécifiques.

Exemple 2.1 : Concept de projet

Question : Le besoin d'un enseignement supérieur de niveau universitaire dans un marché donné a été identifié ; présentez des concepts de projet possibles.

Réponse : Trois concepts de projet pourraient être, par exemple : *(i)* La fourniture d'une éducation en ligne ; *(ii)* La fourniture de services éducatifs dans une installation physique ; *(iii)* La fourniture d'une documentation d'auto-apprentissage et d'outils de test permettant à chaque élève de progresser à son rythme.

La définition du concept de projet est le premier résultat de l'évaluation des besoins qui présente et justifie le produit issu de l'analyse de marché ainsi que ses principaux contours technologiques. La **note conceptuelle** est le résultat de l'étape d'identification et doit présenter l'idée, le concept proposé et expliquer pourquoi ce dernier fonctionnera sur le marché concerné, quelle est la population cible, l'horizon temporel de réalisation et éventuellement fournir une fourchette pour les coûts et les rendements d'investissement. L'analyse SWOT (Forces, Faiblesses, Opportunités, Menaces – de l'anglais *Strength, Weaknesses, Opportunities and Threats*) pourrait être utilisée pour argumenter en faveur d'un concept de projet.

9.2. Étude d'opportunité

Le but de l'**étude d'opportunité** est de transformer le concept de projet en une proposition d'investissement au sens large à travers une estimation préliminaire des coûts et une évaluation de viabilité financière. L'étude d'opportunité peut être utilisée par les promoteurs d'un projet pour approcher des investisseurs potentiels ou des prêteurs. L'étude d'opportunité peut être confiée par les maîtres d'ouvrage à des consultants sur la base de **termes de**

référence. Les termes de référence constituent une description des contours techniques de l'étude, de ses livrables et de leurs délais et serviront de base à une offre de prix et à un contrat éventuel. Un contenu typique pour les termes de référence est décrit dans l'encadré ci-dessous :

Encadré 2.1 : Contenu générique des termes de référence

- Contexte et objectifs
- Nature et étendue des services requis
- Calendrier de livraison et exigences en matière de rapports
- Personnel clé et mois-personnes estimés
- Tâches et responsabilités du consultant
- Tâches et responsabilités du promoteur
- Rôle technique du promoteur, le cas échéant
- Transfert de technologie
- Données, documents, services ou installations mis à disposition par le promoteur

L'étude d'opportunité englobera toute la gamme des études thématiques décrites précédemment, mais à un niveau d'analyse préliminaire, en utilisant des données secondaires au lieu de sources primaires. Le contenu d'une étude d'opportunité est présenté ci-dessous.

Encadré 2.2 : Contenu générique de l'Étude d'opportunité

- Résumé
- Contexte du projet
- Analyse de la demande ou du marché
- Analyse technique
- Analyse environnementale et sociale
- Analyse financière
- Analyse économique
- Analyse de risques
- Recommandations

9.3. Étude de préfaisabilité

Le but de l'**analyse de préfaisabilité** est d'étudier les options technologiques disponibles et de sélectionner les plus appropriées en fonction des implications techniques, environnementales et sociales. Diverses alternatives de projet sont évaluées, hiérarchisées et, éventuellement, l'une d'elle sera recommandée pour une analyse détaillée sous la forme d'une étude de faisabilité complète. L'analyste utilisera des critères quantitatifs tels que le coût total du projet et les rendements financiers mais aussi des critères qualitatifs tels que l'acceptabilité environnementale et la désirabilité sociale. L'étude mettra également en évidence les domaines qui devraient nécessiter une enquête approfondie pour une évaluation complète de l'alternative choisie. Le contenu générique d'une étude de préfaisabilité est présenté ci-dessous.

Encadré 2.3 : Aperçu de l'étude de préfaisabilité

- Résumé
- Contexte du projet
- Analyse de la demande ou du marché
- Évaluation de la faisabilité
  - Option 1 – Analyses technique, financière, économique
  - Option 2 - Analyses technique, financière, économique
  - Option 3 - Analyses technique, financière, économique
- Classement de faisabilité
- Évaluation des investissements et analyse des risques, études d'approfondissement nécessaires pour l'alternative choisie

9.4. Étude de faisabilité

Le but de l'**Étude de faisabilité** est d'analyser de manière approfondie et d'évaluer la viabilité de l'option choisie. L'étude de faisabilité s'appuiera sur les études antérieures - Note conceptuelle, Étude d'opportunité et Étude de préfaisabilité - pour fournir toutes les données nécessaires à une décision d'investissement. L'objectif ultime de l'étude de faisabilité est d'optimiser la configuration et la durabilité du projet en tenant compte de l'environnement et des contraintes applicables. Les données utilisées proviennent de sources primaires telles que les devis des fournisseurs de services. Le plan d'une étude de faisabilité est le même que pour l'étude d'opportunité, à l'exception de la profondeur de l'analyse qui est plus grande.

Encadré 2.4 : Aperçu d'une étude de faisabilité

- Résumé
- Contexte du projet
- Analyse de la demande ou du marché
- Analyse technique
- Analyse environnementale et sociale
- Analyse financière
- Analyse économique
- Analyse de risques
- Recommandations

Le tableau 2.3 présente les niveaux de précision et coûts des différentes études de développement.

Tableau 2.3 : Précision et fourchette de coûts des études de développement

Type d'étude	Objectif Précision	Coût
Étude d'opportunité	± 30%	0.2-1.0%
Étude de préfaisabilité	± 20%	0.25-1.5%
Étude de faisabilité pour les petits et moyens investissements [gamme]	± 10%	1.0-3.0%
Étude de faisabilité pour les gros investissements [gamme]	± 10%	0.25-1.0%

Remarque : la précision et le coût sont exprimés en pourcentage des coûts d'investissement du projet.

9.5. Plan d'affaires

Le **plan d'affaires** est le résultat final des enquêtes de préinvestissement et est utilisé pour l'appréciation et la prise de décision par les promoteurs et les financiers. Il vise à décrire en détail comment le projet va fonctionner et atteindre ses objectifs de création de richesse. Il doit inclure un résumé analytique, les objectifs du projet, c'est-à-dire le produit ou service commercialisé, le plan de marchéage, la stratégie du projet, les ressources et les aspects organisationnels, les coûts, la planification financière et les critères de performance. Les plans d'affaires peuvent être adaptés en fonction du domaine d'intervention spécifique du projet ou du public ciblé.

Encadré 2.5 : Contenu générique d'un plan d'affaires

Résumé exécutif
Description de l'entreprise
- Structure et emplacement
- Énoncé de mission

Produits
- Description
- Cycle de vie
- Unicité

Analyse de marché
- Taille et segments de marché
- Segment de marché cible

Stratégie et mise en œuvre
- Avantage compétitif
- Stratégie de vente

Gestion
- Personnel clé et consultants
- Expérience de l'équipe

Chronologie et métriques
- Chronologie
- Étapes majeures

Financement
- Sources de financement
- Utilisation du financement

Prévisions financières
- Hypothèses clés
- Coûts de démarrage
- Flux de trésorerie projeté
- Analyse de rentabilité
- Compte de résultat projeté
- Tableau des flux de trésorerie projetés
- Bilan projeté
- Ratios de performance

Annexes
Prévisions de ventes détaillées
Plan détaillé du personnel
Documentation d''appui

10. PLAN DE PROJET

Une fois qu'un plan d'affaire est approuvé, un **plan de projet** doit être préparé. Un plan de projet est une feuille de route essentielle pour la mise en œuvre effective du projet. Il contient toutes les informations pratiques et les procédures à utiliser par l'équipe de projet sous la direction stratégique d'un **Comité de pilotage**. Le contenu d'un plan de projet est illustré à la figure 2.5.

La **Charte** comprend la stratégie, le contenu, l'objectif, les livrables et les contours du projet. L'**organigramme des tâches** comprend l'organisation du travail et les niveaux de contrôle. **Le calendrier d'exécution** spécifie les dates de début et de fin ainsi que les jalons clés et les dates cibles. Le **Plan de ressources** comprend la dotation en personnel du projet et les responsabilités attribuées. Le **Plan de passation des marchés** comprend l'organisation des appels d'offres, des lots, des méthodes de passation des marchés et la méthodologie d'évaluation des offres ainsi que le calendrier de signature des contrats. Le **Plan de gestion des risques** comprend une description des contraintes et des hypothèses du projet, l'identification des risques majeurs, l'analyse des risques, les plans d'action à des fins de suivi et de gestion. Le **Plan de communication** comprend les canaux et procédures de communication, au sein de l'équipe projet et à l'extérieur. Le **Budget** comprend des estimations de coûts pour la mobilisation et l'utilisation des ressources et les autorisations correspondantes pour l'engagement des ressources. Enfin, une liste des problèmes actuels et des décisions en suspens devrait être incluse.

Figure 2.5 : Contenu d'un plan de projet

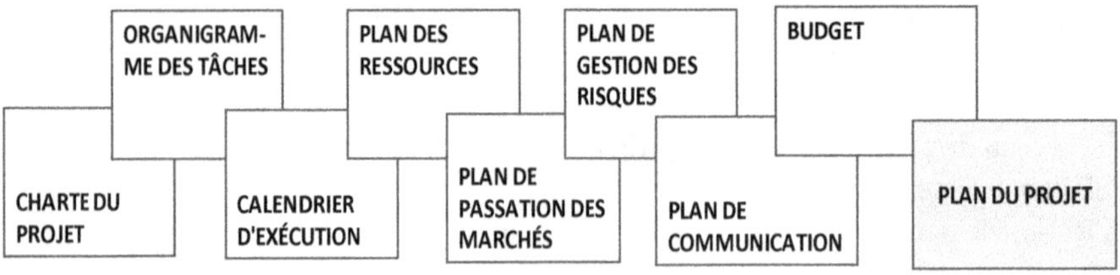

CHAPITRE III

ANALYSE DU SEUIL DE RENTABILITÉ

L'analyse du **seuil de rentabilité** est également appelée **analyse coût-volume-profit** (CVP) et examine la relation entre les coûts, le volume de production et le bénéfice d'exploitation pour une période comptable. L'analyse du seuil de rentabilité fait référence au niveau d'activité de l'entreprise et de ses implications en termes de profit. Au niveau de production qui correspond au seuil de rentabilité les revenus que l'entreprise tire de ses ventes sont juste suffisants pour couvrir les dépenses de production et les coûts fixes et ainsi le bénéfice d'opération est nul.

La notion de seuil de rentabilité est importante car le seuil de rentabilité est le point de départ de la création de valeur, c'est-à-dire que c'est au-delà du seuil de rentabilité que le retour pour les investisseurs commence à s'accumuler. L'analyse du seuil de rentabilité est abordée dans ce chapitre, y compris l'**analyse de contribution** qui en est une approche particulière. Avant cela, différentes notions de coûts sont introduites.

1. CONCEPTS DE COÛTS

Le coût est un concept essentiel dans l'analyse comptable et financière et ne doit pas être confondu avec les dépenses en espèces. Par exemple, lorsque l'on paie en espèces certains biens ou services, la **dépense** est encourue alors que le bien ou les services ne sont pas consommés au moment où ils sont achetés. Le **coût** survient au fur et à mesure de la consommation des biens ou services. En d'autres termes, le paiement effectué est un flux de trésorerie mais pas un coût. Le taux de consommation du bien ou du service acheté peut être mesuré comme une partie du prix d'achat. De la même manière l'argent utilisé pour payer un actif n'est pas un coût ; c'est l'**amortissement** de l'actif au fil du temps et de son utilisation qui sera un coût. De même, le remboursement du principal d'un prêt n'est pas un coût dans la mesure où un montant équivalent a été transféré.

La classification des coûts d'une entreprise est généralement faite en fonction de leur réponse aux changements du volume de production, c'est-à-dire si les coûts sont fixes, variables ou semi-variables par rapport au volume de production. Les coûts supportés par une entreprise au cours de la production peuvent également être classés comme directs ou indirects et comme visibles ou invisibles. Il y a aussi les concepts de coût d'opportunité et de coût irrécupérable.

1.1. Coûts fixes

Les **coûts fixes** sont les coûts qui surviennent dans l'ensemble quel que soit le volume d'activité. Ils ne changent pas en fonction du volume de production. Des exemples de coûts fixes sont le loyer, les assurances ou le salaire du management.

Figure 3.1: Modèle de comportement des coûts fixes

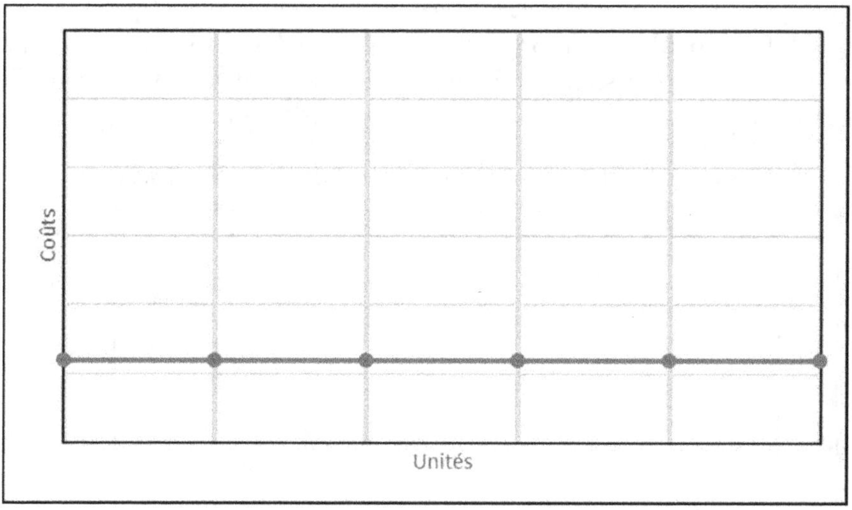

Les **coûts fixes par paliers** sont des coûts fixes qui évoluent en fonction de la gamme de production. Des exemples sont les coûts de location ou les salaires lorsqu'une entreprise est confrontée à la possibilité d'expansion de la production dans une gamme supérieure.

Figure 3.2 : Modèle de comportement de coûts fixes par palier

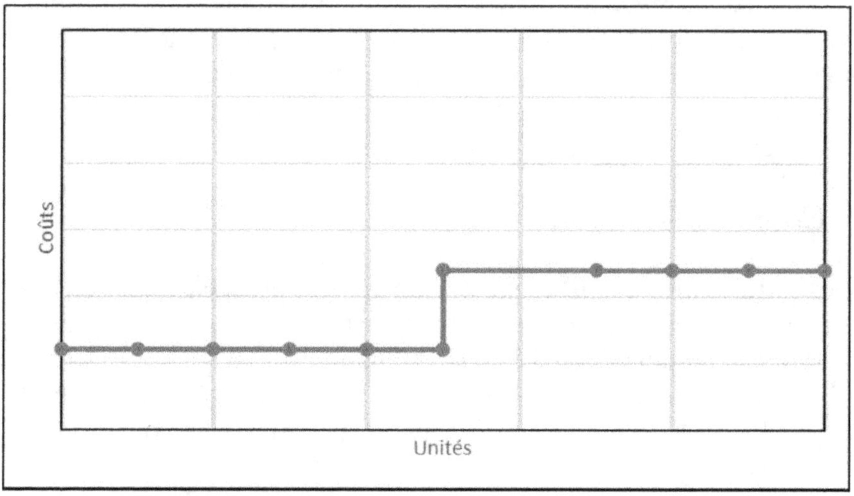

1.2. Coûts variables

Les **coûts variables**, par opposition aux coûts fixes, évoluent en fonction de la production. Ce sont généralement les coûts des matières premières consommées et les salaires des travailleurs journaliers.

Figure 3.3 : Modèle de comportement des coûts variables

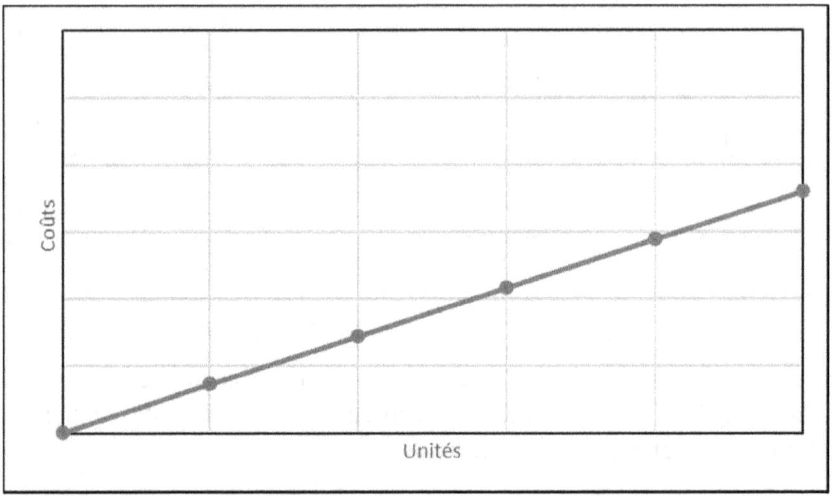

Il n'est pas correct de penser que les coûts fixes sont ceux qui sont prévisibles et que les coûts variables sont susceptibles de changer à tout moment, c'est une idée fausse. Les coûts variables sont en fait fixes pour chaque unité de production individuelle ; la variabilité se produit à l'échelle de l'entreprise en fonction du volume de production.

1.3. Coûts semi-variables

Les **coûts semi-variables** ont un élément fixe et un élément variable, par ex. la location d'une ligne de téléphone portable ou des photocopieurs avec un « forfait » au-delà duquel la consommation est payée. L'électricité et le gaz sont également de façon générale des coûts semi-variables. Pour l'analyse, les coûts semi-variables doivent être divisés en composants fixes et variables.

1.4. Coûts directs

Les **coûts directs** sont des dépenses associées à un produit spécifique. À titre d'exemple un consultant travaillant exclusivement sur un projet spécifique sera un coût direct du projet.

1.5. Coûts indirects

Les **coûts indirects** sont ceux partagés sur tous les produits, par ex. le loyer, les services d'eau et d'éclairage, les équipements de bureau, les ordinateurs et frais généraux.

1.6. Coûts invisibles

Les **coûts invisibles** sont liés aux retards bureaucratiques, aux formalités administratives et même à la corruption. Ils reflètent en partie les coûts causés par l'environnement des affaires.

1.7. Coût d'opportunité

Le but de l'analyse de projet est d'évaluer une proposition d'investissement et de faire un choix raisonnable parmi plusieurs alternatives. Investir dans des produits financiers, par exemple un compte bancaire rémunéré, est toujours une option en compétition avec un projet d'investissement. Par conséquent, un projet a toujours un **coût d'opportunité** qui est le bénéfice qui serait tiré de la meilleure utilisation alternative des ressources engagées.

1.8. Coûts irrécupérables

Les **coûts irrécupérables** sont des coûts passés ou déjà engagés qui ne peuvent être remboursés quelle que soit la décision d'investissement prise. Par exemple, les coûts de développement de projet sont des coûts irrécupérables parce qu'ils sont engagés indépendamment de la décision d'aller de l'avant ou non avec le projet.

2. Seuil de rentabilité en termes d'unités

L'**analyse du seuil de rentabilité** consiste à déterminer quel est le niveau des ventes, soit en termes d'unités vendues, soit en termes de chiffre d'affaires, qui permettra à une entreprise de couvrir tous ses coûts fixes et de commencer à réaliser des bénéfices. L'idée fondamentale est que le chiffre d'affaires est destiné à couvrir les coûts fixes, les coûts variables et le profit généré par l'entreprise :

$$Revenus\ bruts = Coûts\ fixes + Coûts\ variables + Profit \qquad (3.1)$$

Le **seuil de rentabilité** est défini comme le volume des ventes tel que tous les coûts d'exploitation sont couverts par les revenus, ce qui signifie que l'entreprise ne fait ni profits ni pertes. En d'autres termes, au seuil de rentabilité le profit est égal à zéro et donc :

$$Revenus\ bruts\ (au\ seuil\ de\ rentabilité) = Coûts\ fixes + Coûts\ variables \qquad (3.2)$$

Sachant que les ventes sont le produit du nombre d'unités vendues par leur prix unitaire, et que les coûts variables sont le nombre d'unités vendues par le coût variable par unité on peut arriver à l'égalité ci-dessous pour trouver le nombre d'unités à vendre pour atteindre le seuil de rentabilité en termes de volume ou d'unités vendues :

$$Seuil\ de\ rentabilité\ (en\ unités) = \frac{Coûts\ fixes}{Prix\ unitaire - C\ \ ût\ variable\ par\ unité} \qquad (3.3)$$

Le seuil de rentabilité est donc atteint au niveau de production auquel l'entreprise ne fait ni perte ni profit, mais tous les coûts fixes sont couverts.

Exemple 3.1 : Analyse du seuil de rentabilité

Question : Considérons un processus de production hypothétique avec des coûts fixes de 120 000$, un prix unitaire de 1 200 $ et un coût variable par unité de 720 $. Effectuer une analyse du seuil de rentabilité.

Réponse : Les revenus, les coûts totaux et le bénéfice d'exploitation (différence entre les revenus et les coûts totaux) peuvent être facilement calculés selon le tableau ci-dessous. Les bénéfices commencent négatifs et finissent par être positifs, la valeur de commutation est le seuil de rentabilité, qui peut être défini soit en volume, soit en termes de ventes.

Unités vendues	Revenu $	Coûts fixes $	Coûts variables $	Coûts totaux $	Profit $
0		120 000	-	120 000	-120 000
100	120 000	120 000	72 000	192 000	-72 000
200	240 000	120 000	144 000	264 000	-24 000
300	360 000	120 000	216 000	336 000	24 000
400	480 000	120 000	288 000	408 000	72 000
500	600 000	120 000	360 000	480 000	120 000

Les figures ci-dessous illustrent le comportement des éléments de coût.

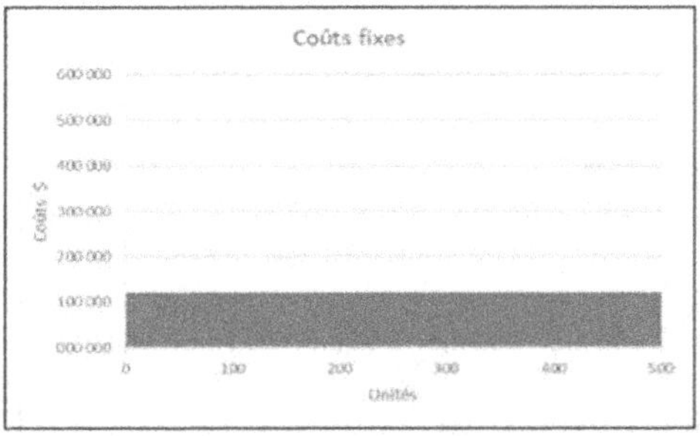

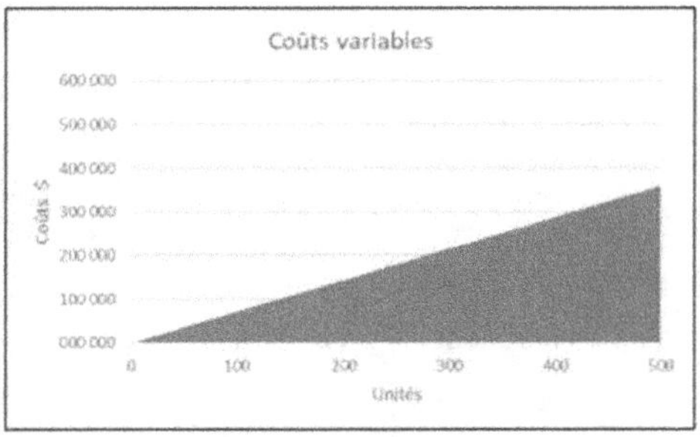

L'évolution du chiffre d'affaires en fonction du nombre d'unités vendues est présentée ci-dessous ainsi que le graphique du seuil de rentabilité montrant que les revenus équilibrent les coûts totaux lorsque le volume de vente est de 250 unités. Le seuil de rentabilité est donc de 250 unités vendues.

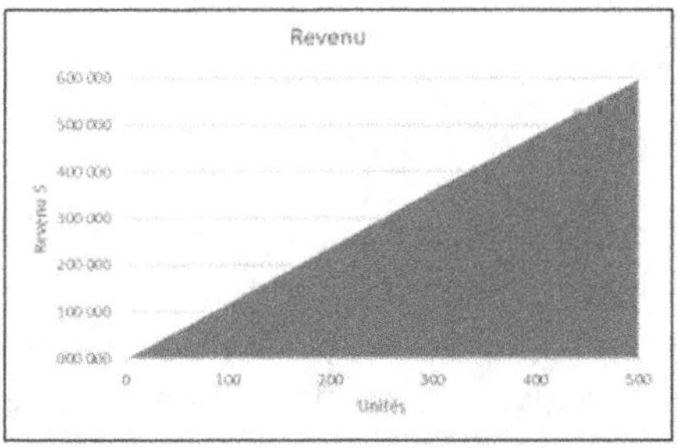

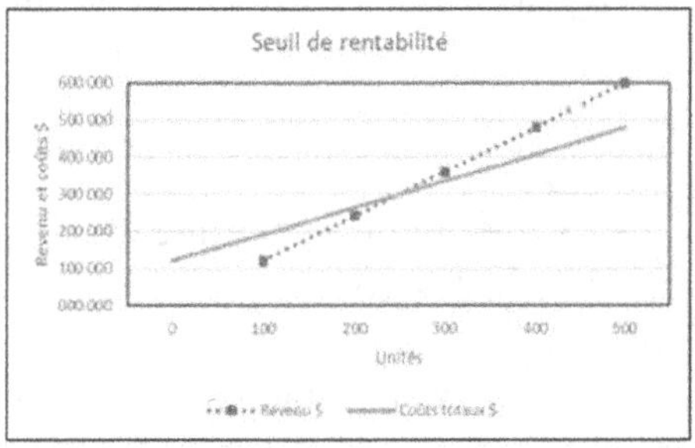

L'angle d'incidence dans la figure du seuil de rentabilité montre le taux auquel les bénéfices s'accumulent après le seuil de rentabilité. Un grand angle signifie un taux de profit élevé par unité vendue après le seuil de rentabilité. En revanche, cela vaut également pour les pertes en deçà du seuil de rentabilité qui s'accumulent d'autant plus vite que l'angle d'incidence est élevé.

L'analyse seuil de rentabilité est souvent présentée sous la forme du graphique suivant des bénéfices par rapport aux revenus. Le graphique ci-dessous montre que le seuil de rentabilité correspond à un niveau de vente de 300 000$.

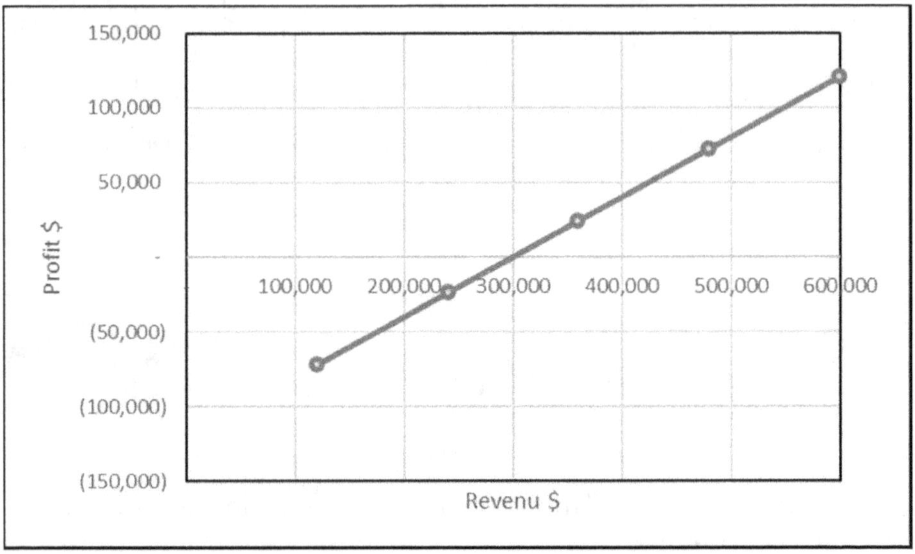

Le dénominateur en eq. 3.3 s'appelle la **marge de contribution** ou **contribution par unité**, c'est-à-dire le montant d'argent que chaque unité vendue contribue pour couvrir les coûts fixes.

$$Contribution\ par\ unité = Prix\ unitaire - Coût\ variable\ par\ unité \qquad (3.4)$$

La Contribution par unité est ce qui reste de la vente de chaque unité après avoir payé les coûts variables. Comme mentionné précédemment, un coût variable pour l'entreprise est toujours un coût fixe pour une unité produite. Cependant, le montant des coûts fixes qui peuvent être attachés à chaque unité supplémentaire produite est variable car il varie en fonction du niveau de production (les coûts fixes facturés à chaque unité diminuent lorsque le volume de production augmente).

Utilisant la définition de la contribution par unité l'équation 3.4 peut être réécrite :

$$Seuil\ de\ rentabilité\ (en\ unités) = \frac{Coûts\ fixes}{Contribution\ par\ unité} \quad (3.5)$$

Exemple 3.2 : Seuil de rentabilité en termes de volume

Question : Sur la base des données de l'exemple 3.1, calculez le seuil de rentabilité en termes d'unités de vente.

Réponse : Utilisant l'eq. (3.4) et (3.5), avec coûts fixes = 120.000$, prix unitaire = 1200$ et coût variable par unité = 720$ on trouve que la Contribution par unité = 1200$ -720$ = 480$ et le Seuil de rentabilité = 120 000$ / 480$ = 250 unités.

3. SEUIL DE RENTABILITÉ EN TERMES DE REVENUS BRUTS

Revenant au seuil de rentabilité eq. 3.3 si on multiplie chaque côté par le prix unitaire, le seuil de rentabilité en termes de montant des ventes est trouvé :

$$Seuil\ de\ rentabilité\ (en\ monnaie) = \frac{Coûts\ fixes}{Contribution\ marginale\ des\ ventes} \quad (3.6)$$

Où la **contribution marginale des ventes** est le pourcentage de contribution au chiffre d'affaires également appelé ratio de marge de contribution et est défini comme :

$$Contribution\ marginale\ des\ ventes = \frac{Contribution\ par\ unité}{Coût\ unitaire} \quad (3.7)$$

La contribution marginale des ventes montre le pourcentage des revenus des ventes qui vont à la contribution.

L'excédent de production par rapport au seuil de rentabilité est parfois appelé « **marge de sécurité** ». La marge de sécurité est la relation entre les ventes totales et le seuil de rentabilité. Habituellement elle est exprimée en pourcentage, et plus la marge de sécurité est faible, plus la capacité de l'entreprise à générer des bénéfices est faible.

$$\text{Marge de sécurité} = \frac{\text{Revenus bruts actuels} - \text{Reven} \quad \text{bruts au seuil de rentabilité}}{\text{Revenus bruts actuels}} \qquad (3.8)$$

Exemple 3.3 : Marge de sécurité

Question : En utilisant les données de l'exemple 3.1, calculez la marge de sécurité si les ventes sont de 400 000$.

Réponse : Le seuil de rentabilité a été trouvé à 300 000$ donc, d'après l'eq. (3.8) on constate qu'à 400 000$ comme niveau de ventes la marge de sécurité est de (400 000$-300 000$) / 400 000$ = 25%.

4. ANALYSE DES CONTRIBUTIONS

4.1. Produit unique

L'approche traditionnelle des relations coût-volume-profit décompose le coût de vente unitaire en trois composantes comme suit :

$$\text{Prix de vente unitaire} = \text{Coût variable par unité} + \text{Coût fixe alloué par unité} + \text{profit alloué par unité} \qquad (3.9)$$

Dans cette approche, chaque unité vendue paie simultanément son propre coût variable, une partie des coûts fixes et une partie du bénéfice.

L'approche d'**analyse des contributions** est que les revenus générés par une unité supplémentaire vendue sont analysés séquentiellement. Le produit de la vente d'une unité supplémentaire sert, d'une part, à couvrir son propre coût (ou le coût variable correspondant, du point de vue commercial) ; puis, d'autre part, il contribue à couvrir les frais fixes et le profit de l'entreprise.

C'est-à-dire que la structure de coût d'une unité supplémentaire est vue comme :

$$\text{Prix de vente unitaire} = \text{Coût variable par unité} + \text{Contribution par unité} \qquad (3.10)$$

L'objectif de la gestion est donc de maximiser la contribution pour couvrir les coûts fixes plus rapidement et obtenir des bénéfices plus rapidement.

En multipliant chaque côté de l'équation 3.10 par le nombre d'unités vendues, nous avons :

$$Ventes = Contribution\ par\ unité * Nombre\ d'unités\ vendues + Coûts\ variables \qquad (3.11)$$

Et donc, en tenant compte de l'Eq. 3.1 nous obtenons l'équation clé de l'approche d'analyse des contributions :

$$Contribution\ par\ unité * Nombre\ d'unités\ vendues = Coûts\ fixes + Profit \qquad (3.12)$$

L'analyse des contributions permet de répondre facilement à différents types de questions.

Pour obtenir la production nécessaire pour avoir un profit cible ou le niveau de vente correspondant à un profit cible il suffit de résoudre eq. 3.12 pour le nombre d'unités vendues :

$$Niveau\ des\ ventes\ pour\ un\ profit\ cible\ (en\ unités) = \frac{Coûts\ fixes + Profit\ cible}{Contribution\ par\ unité} \qquad (3.13)$$

Exemple 3.4 : Seuil de rentabilité pour un niveau de profit

Question : En continuant avec les données présentées dans l'exemple 3.1 et l'exemple 3.2, calculez le seuil de rentabilité en nombre d'unités si l'objectif de profit est de 150 000$.

Réponse : Utilisant l'eq. 3.13 avec un objectif de profit de 150 000$, les coûts fixes étant de 120 000$ et la Contribution par unité de 480$, alors le seuil de rentabilité pour le niveau de profit requis est de 563 unités.

Pour obtenir le profit connaissant le nombre d'unités vendues, il suffit de résoudre Eq. 3.13 pour le profit :

$$Profit = Contribution\ par\ unité * Nombre\ d'unités\ vendues - Coûts\ fixes \qquad (3.14)$$

Exemple 3.4 : Bénéfice pour le nombre d'unités produites

Question : À l'aide des données présentées dans les exemples 3.1 à 3.4, calculez le bénéfice au niveau des ventes de 350 unités.

Réponse : Utilisant l'eq. 3.14 le bénéfice à un niveau de ventes de 350 unités est de 48 000$ (480 * 350-120 000).

Les calculs de seuil de rentabilité peuvent également être effectués en termes de montant des ventes. La notion de **contribution totale** est alors pratique. La contribution totale de l'entreprise est définie comme le montant des ventes disponibles pour couvrir le coût fixe et le bénéfice. De l'Éq. 3.1 nous avons :

$$Contribution\ totale = Ventes - Coûts\ variables = Coûts\ fixes + Profit \quad (3.15)$$

Par la définition même de la contribution marginale des ventes, nous avons également :

$$Contribution\ totale = Ventes\ x\ Contribution\ marginale\ des\ ventes \quad (3.16)$$

Par conséquent, l'équation clé pour l'analyse des contributions en termes de montant des ventes est :

$$Vente * Contribution\ marginale\ des\ ventes = Coûts\ fixes + Profit \quad (3.17)$$

En résolvant eq. 3.17 pour l'une ou l'autre inconnue, la notion de contribution totale de l'ensemble de l'entreprise permet de déterminer, par exemple :

- ✓ Les revenus nécessaires pour atteindre le seuil de rentabilité (Profit égal à zéro).

$$Seuil\ de\ rentabilité\ (en\ monnaie) = \frac{Coûts\ fixes}{Contribution\ marginale\ des\ ventes} \quad (3.18)$$

Exemple 3.5 : Seuil de rentabilité des ventes

Question : À l'aide des données de l'exemple 3.1, déterminez le seuil de rentabilité des ventes.

Réponse : Utilisant l'eq. 3.18 avec coûts fixes = 120 000$ et Contribution marginale des ventes = 480/1 200 = 0,4 (ou 40%) alors le seuil de rentabilité en ventes = 120 000 / 0,4 = 300 000$.

✓ Les ventes requises pour arriver à un profit cible :

$$Niveau\ des\ ventes\ pour\ un\ profit\ cible = \frac{Coûts\ fixes + Prof\quad cible}{Contribution\ marginale\ des\ ventes} \qquad (3.19)$$

Exemple 3.6 : Revenus nécessaires pour atteindre un niveau de profit donné

Question : En utilisant les données de l'exemple 3.1, déterminez le revenu pour produire un objectif de profit de 150 000$.

Réponse : Faisant usage de l'eq. 3,19 avec coûts fixes = 120 000$ et contribution marginale des ventes = 40%, et objectif de profit = 150 000$, le seuil de rentabilité se situe à (120 000 + 150 000) / 0,4 = 675 000 unités.

✓ Le profit connaissant les ventes :

$$Profit = ventes * contribution\ marginale\ des\ ventes - coûts\ fixes \qquad (3.20)$$

Exemple 3.6 : Bénéfice réalisé pour un niveau de revenus

Question : En utilisant les données de l'exemple 3.1, déterminez le profit réalisé pour un niveau de revenus de 360 000$.

Réponse : Faisant usage de l'eq. 3.20 le bénéfice à un niveau de revenus de 360 000$ est de 24 000$ (360 000 * 0,4 - 120 000).

4.2. Produits multiples

Dans le cas de plusieurs produits, l'Eq. 3.20 ci-dessus pourrait être utilisée par le biais du calcul d'une moyenne pondérée des contribution marginales des ventes qui accordera de l'importance à la contribution marginale de chaque produit en fonction de la part des ventes provenant de ce produit.

5. OBSERVATIONS

Il est important de garder à l'esprit quelques aspects de l'analyse du seuil de rentabilité en tant qu'outil :

- L'analyse du seuil de rentabilité est effectuée pour une période de production, et non sur plusieurs périodes, ou sur toute la vie d'un projet considérée comme une seule période. Il n'a aucun rapport direct avec la période de récupération (voir Chapitre 6) qui répondra à la question de savoir quand la valeur de l'investissement dans une entreprise sera récupérée. L'analyse du seuil de rentabilité ne tient pas compte de l'investissement initial pour mettre en place l'entreprise et la faire démarrer, elle examine simplement les coûts spécifiques à la période analysée.
- L'analyse du seuil de rentabilité ne tient pas compte de la dépréciation des actifs productifs dans la structure de coûts, ni de l'amortissement des actifs incorporels (ceux-ci sont traités dans la section 5.14). Cependant, la dépréciation et l'amortissement sont des coûts réels. Leur intégration n'est pas simple car ils ne sont pas facilement classables comme des coûts fixes ou variables alors que la structure de coûts dans l'analyse du seuil de rentabilité suppose uniquement des coûts fixes ou variables.
- L'analyse du seuil de rentabilité suppose que le prix de vente et les coûts variables sont fixes pour la période d'analyse et cela peut être moins vrai si la période d'analyse est longue que si elle est courte.

En raison des limites évoquées ci-dessus, l'analyse du seuil de rentabilité doit être considérée comme un simple outil permettant de mieux comprendre la relation entre les niveaux de production et de profit. Cependant, c'est un outil précieux par exemple lorsqu'un directeur de production d'une usine veut cibler certains niveaux de bénéfices d'exploitation.

Chapitre IV

Valeur temporelle de l'argent

La notion de **valeur temporelle de l'argent** fait référence au fait que l'argent à recevoir dans le futur n'a pas la même utilité ou la même valeur que l'argent qui est entre nos mains maintenant. C'est intuitif dans le sens où tout le monde préférera recevoir une somme d'argent donnée, disons 100 $, maintenant qu'à n'importe quel moment dans le futur. La raison de cette préférence est que le pouvoir d'achat des mêmes 100 $ a tendance à s'éroder avec le temps en raison de l'**inflation** (tendance des prix à augmenter avec le temps), et il y a des risques à ne pas recevoir l'argent du tout alors que pour qui le reçoit maintenant c'est une certitude. Par ailleurs, et pendant la période d'un an, les 100 $ peuvent être mis à profit ou placés à la Banque et rapporter des intérêts. Ainsi, un principe clé de la finance moderne est que l'argent a une valeur temporelle.

Dans ce chapitre, nous examinerons les différents concepts attachés à la valeur temporelle de l'argent qui est la pierre angulaire de l'ingénierie financière et de l'évaluation financière d'un investissement.

1. INTÉRÊT

Un projet d'investissement doit être réalisé dans le futur. Le **taux d'intérêt** reflète la préférence temporelle de l'argent. L'intérêt est le prix payé pour l'utilisation de l'argent que l'on ne possède pas et qui est donc emprunté. C'est comme le paiement d'un tarif de location pour l'utilisation de l'argent pendant un certain temps. Les paiements d'intérêts sont exprimés en pourcentage du montant total emprunté et en taux par unité de temps. Il est nécessaire de faire une distinction entre les intérêts simples et les intérêts composés.

1.1. Intérêt simple

Dans le cas des **intérêts simples**, le principal du prêt, c'est-à-dire l'encours du prêt, reste constant et à la fin de chaque période l'intérêt est ainsi calculé sur le même montant du prêt.

Désignons par **valeur actuelle** le principal du prêt ; après un an pendant lequel un taux d'intérêt *i* est facturé, la somme équivalente ou **valeur future** est obtenue comme suit.

$$Valeur\ future = Valeur\ actuelle + Valeur\ actuelle * i = Valeur\ actuelle * (1 + i) \quad (4.1)$$

Ce processus peut être répété encore et encore et au bout de n périodes consécutives la formule valeur future dans le cas d'un taux d'intérêt simple est obtenue comme suit :

$$Valeur\ future = Valeur\ actuelle * (1 + in) \quad (4.2)$$

Exemple 4.1 : Valeur future d'une somme investie en intérêt simple

Question : Si une somme de 1 000$ est investie et rapporte un intérêt simple de 7% sur 7 ans, quelle sera sa valeur future ?

Réponse : Faisant usgae de l'Eq. (4.2) la valeur future est de 1000 * (1 + 7% * 7) = 1490$. La valeur constante de l'intérêt est illustrée dans le tableau ci-dessous.

Année	Valeur présente	Intérêts	Valeur future
0	1 000	0	
1	1 000	70	
2	1 000	70	
3	1 000	70	
4	1 000	70	
5	1 000	70	
6	1 000	70	
7	1 000	70	
TOTAL		490	1 490

1.2. Intérêt composé

Dans le cas de l'**intérêt composé**, l'intérêt à la fin de chaque période est ajouté au principal du prêt, ainsi le principal du prêt ou l'investissement financier continue d'augmenter. C'est comme si l'investisseur retirait son argent à la fin de chaque période et réinvestissait la totalité de la somme, c'est-à-dire le principal plus les intérêts. La composition est l'un des concepts les plus puissants de l'investissement financier. La **composition** des intérêts est une force majeure de la finance en termes de génération de richesse dans le temps.

Dans le cas d'un taux d'intérêt composé, à la fin d'une période (par exemple un an) lorsque le taux d'intérêt est i, la valeur future est la même que dans le cas d'un taux d'intérêt simple. Cependant, pour les périodes suivantes 2, 3, … etc., il s'agit de multiplier la valeur future précédente par $(1 + i)$ successivement et il peut être démontré par récurrence qu'au bout de n périodes :

$$Valeur\ future = Valeur\ actuelle \times (1 + i)^n \qquad (4.3)$$

Le processus de détermination de la valeur future est appelé composition et le processus de calcul de la valeur actuelle est appelé **actualisation**. Le terme $(1+i)^n$ dans l'équation 4.3 est appelé **facteur de composition**.

Exemple 4.2 : Intérêt composé

Question : Si une somme de 1 000$ est investie et rapporte un intérêt de 7% composé annuellement sur 7 ans, quelle sera sa valeur future ?

Réponse : En utilisant (4.3), la valeur future est $1\ 000 * (1 + 7\%)^7 = 1\ 606$$. L'évolution de l'intérêt composé année après année est indiquée dans le tableau ci-dessous.

Année	Valeur présente	Intérêts	Valeur future
0	1 000	-	
1	1 070	70	
2	1 145	75	
3	1 225	80	
4	1 311	86	
5	1 403	92	
6	1 501	98	
7	1 606	105	
TOTAL		606	1 606

En comparant avec l'exemple 4.1 on peut voir le gain créé par l'intérêt composé.

1.3. Règle de 72

La **règle de 72** est une formule populaire qui peut être dérivée de l'équation. 4.3 et détermine rapidement le temps nécessaire à un investissement pour doubler son capital investi en intérêts composés :

$$Temps\ de\ doublement = \frac{72}{Taux\ d'intérêt*100} \qquad (4.4)$$

Exemple 4.3 : Temps de doublement

Question : Combien d'années faudra-t-il pour qu'un investissement rémunéré au taux de 7,2% composé annuellement double ?

Réponse : Faisant usage de l'Eq. 4.4 on trouve le temps de doublement = 72 / 7,2 = 10 ans. L'évolution du principal et des intérêts est présentée dans le tableau ci-dessous.

Année	Valeur présente	Intérêts	Valeur future
0	1 000	-	
1	1 072	72	
2	1 149	77	
3	1 232	83	
4	1 321	89	
5	1 416	95	
6	1 518	102	
7	1 627	109	
8	1 744	117	
9	1 870	126	
10	2 004	135	
TOTAL		1 004	2 004

1.4. Composition continue

Le montant maximum qui peut être gagné par la composition des intérêts est dans une situation de **composition continue**. Cela signifie qu'à chaque instant, des intérêts sont ajoutés au capital au lieu de chaque année, trimestre, mois ou jour. La formule pour la composition continue est donnée par :

$$Valeur\ future = Valeur\ présente * e^{it} \qquad (4.5)$$

Où *i* est le taux d'intérêt pour la composition continue et *t* est le temps et e = 2,7183 est le nombre d'Euler. La composition continue n'est généralement pas utilisée dans les prêts commerciaux, mais dans les questions financières avancées telles que la tarification des options en raison de la simplicité de la formule.

Exemple 4.4 : Composition continue

Question : Quelle est la valeur future d'une somme de 1 000$ rémunérés au taux de 7,2% composé en continu sur 10 ans ?

Réponse : Faisant usage de l'Eq. 4.5 on trouve valeur future = 1000 * $e^{7,2\% * 10}$ = 2054$.

1.5. Taux nominal et effectif

Les taux d'intérêt sont généralement indiqués sur une base de période d'un an, et cela est connu comme le **taux nominal**, le taux annuel indiqué ou le taux annuel en pourcentage.

L'intérêt peut, cependant, être composé non annuellement mais de mode intra-annuel, par exemple semestriellement, trimestriellement ou mensuellement. Par conséquent, il est important de déterminer la fréquence réelle à laquelle la composition aura lieu avant d'utiliser les équations ci-dessus. En cas de composition intra-annuelle le taux de composition applicable est le suivant :

$$Taux\ de\ composition = \frac{i}{m} \qquad (4.6)$$

Où i est le taux annuel nominal et m est le nombre de périodes de composition par an ($m = 2$ lorsqu'il est composé semestriellement, 4 lorsqu'il l'est trimestriellement, et 12 pour une composition mensuelle).

La valeur future d'une somme lorsque les intérêts sont composés m fois par an sur n ans (c'est-à-dire au taux d'intérêt i/m sur mn périodes) est donnée par :

$$Valeur\ future = Valeur\ actuelle * (1 + \frac{i}{m})^{mn} \qquad (4.7)$$

Exemple 4.5 : Composition intra-annuelle

Question : Quel est le solde impayé d'un prêt de 100 $ effectué sur la carte de crédit après six mois sans paiement lorsque le taux d'intérêt nominal est de 18% composé mensuellement ?

Réponse : Faisant usage de l'Eq. 4.7 avec i = 18%, m = 12, n = 0,5 la réponse est 100 $(1 + 18\% / 12)^{6}$ = 109,3 $.

Le **taux annuel effectif** est le taux qui, s'il est appliqué sur une base annuelle, intégrera les intérêts générés par la composition intra-annuelle. Il est défini par la formule :

$$Taux\ annuel\ effectif = (1 + \frac{i}{m})^{m} - 1 \qquad (4.8)$$

Où m est le nombre de périodes de composition dans un an.

Exemple 4.6 : Taux annuel effectif

Question : Le taux nominal d'une obligation est de 6,5% composé trimestriellement, quel est le taux annuel effectif ?

Réponse : À l'aide de l'eq. (4.8) on trouve taux annuel effectif = $(1 + 6\% / 4)^{4}$-1 = 6,7%.

L'exemple suivant montre la détermination du taux annuel effectif sur une carte de crédit.

Exemple 4.7 : Taux d'intérêt effectif d'une carte de crédit

Question : Quel est le taux d'intérêt effectif sur une carte de crédit lorsque le taux d'intérêt nominal est de 18% et que les intérêts sont composés mensuellement ?

Réponse : À l'aide de l'eq. 4.8 avec i = 18% et m = 12 le taux d'intérêt effectif est de 19,6% par an.

2. INFLATION

La mesure la plus courante de l'inflation est l'**Indice des prix à la consommation** (IPC) qui regroupe le prix d'un panier de biens et services représentant les achats d'un consommateur moyen. L'IPC est le rapport entre le prix actuel du panier de biens et le prix des mêmes biens sur une période de référence.

$$IPC = \frac{Prix\ du\ panier\ pour\ l'annéeen\ cours}{Prix\ du\ panier\ pour\ la\ période\ de\ référence} \qquad (4.9)$$

Le **taux d'inflation** exprime la vitesse à laquelle l'inflation évolue et c'est l'indice de croissance par rapport à sa valeur l'année précédente :

$$Taux\ d'inflation_t = \frac{IPC_t - IPC_{t-1}}{IPC_{t-1}} \qquad (4.10)$$

Où IPC_t est l'IPC de l'année t et IPC_{t-1} est l'IPC de l'année $t-1$. L'IPC est une mesure générale de l'augmentation des prix pour les consommateurs. Le taux d'inflation d'une année à l'autre est utilisé dans la pratique de la même manière que pour un intérêt composé.

Exemple 4.8 : Calcul de nouveaux prix en utilisant l'inflation

Question : Le prix du panier de marchandises est de 100 $ en 2022, combien sera-t-il dans neuf ans s'il y a eu un taux d'inflation moyen de 4% sur cette période ?

Réponse : Le prix est, en utilisant l'eq. 4.3, $100\ (1 + 0{,}04)^{9} = 142{,}33$ $

La même règle de 72 peut être utilisée pour déterminer combien d'années il faudra pour que les prix doublent à un taux d'inflation donné.

Exemple 4.9: Temps nécessaire pour que les prix doublent en raison de l'inflation

Question : Le taux d'inflation annuel est de 8%, combien de temps faudra-t-il pour que les prix doublent ?

Réponse : En utilisant la règle de 72 (eq. 4.4), on constate qu'il faudra 72 / (0,08 * 100) = 9 ans pour que le prix double.

3. TAUX D'INTÉRÊT RÉEL

Comme indiqué ci-dessus, l'escalade des prix des biens et services est appelée inflation et est liée à la perte de pouvoir d'achat de la monnaie. Les taux d'intérêt nominaux incluent l'inflation et un **taux d'intérêt réel**, ce qui signifie que la rémunération réelle qui fait abstraction de l'érosion de la monnaie en valeur peut être définie. La relation entre le taux d'intérêt nominal, l'inflation et le taux d'intérêt réel est la suivante :

$$i = r + h + rh \tag{4.11}$$

Où i = taux d'intérêt nominal, h = inflation et r = taux d'intérêt réel. Du fait qu'il est le produit de deux valeurs décimales, le terme rh dans Eq. 4.11 peut être négligé et nous avons la relation approximative :

$$i \sim r + h \tag{4.12}$$

Exemple 4.10 : Taux d'intérêt réel

Question : Le taux nominal est de 4% tandis que le taux d'inflation est de 3%, quel est le taux d'intérêt réel ?

Réponse : Faisant usage de l'Eq. 4.12 on trouve r = i-h = 1%. Cela signifie que 100 $ investis aujourd'hui pendant un an rapporteront 104 $; cependant, le pouvoir d'achat des 104 $ à la fin du sera égal au pouvoir d'achat des 101 $ d'aujourd'hui, donc la rémunération réelle est de 1 $ en argent d'aujourd'hui.

4. VALEUR FUTURE D'UNE SÉQUENCE DE FLUX DE TRÉSORERIE

Jusqu'à présent, seule la valeur future après *n* périodes d'un montant unique d'argent a été calculée. Dans le cas général d'une séquence de flux de trésorerie, la valeur future d'un investissement est la somme des valeurs futures de chaque flux de trésorerie :

$$Valeur\ future = \sum_{t=1}^{n} CF_t\ (1+i)^t \qquad (4.13)$$

Exemple 4.11 : Valeur future d'une séquence de flux de trésorerie

Question : Quelle est la valeur future d'un flux de trésorerie de 1 000$; 1.500$; 2 000$; 1.500$; et 1 000 $ sur les années 1 à 5 respectivement, si le taux d'intérêt est de 5% ?

Réponse : Les calculs sont indiqués dans le tableau ci-dessous. Pour chaque année, le facteur de composition est calculé et le produit du flux de trésorerie par le facteur de composition donne la valeur future du flux de trésorerie ; puis en additionnant toutes les valeurs futures individuelles, on trouve la valeur future de la séquence de flux de trésorerie, qui est de 7 732$. La valeur future de la séquence de flux de trésorerie (7 732$) est supérieure à la somme nominale (7 000$) en raison de l'effet composé.

Année	Flux de tésorerie	Facteur de composition	Valeur future
1	1 000	1.22	1 216
2	1 500	1.16	1 736
3	2 000	1.10	2 205
4	1 500	1.05	1 575
5	1 000	1.00	1 000
Total	7 000		7 732

5. VALEUR ACTUELLE D'UN FLUX DE TRÉSORERIE

Les options d'investissement sont généralement comparées en fonction de l'équivalent en valeur d'aujourd'hui ou en **valeur actuelle** des flux de trésorerie attendus à l'avenir. Le processus de détermination de la valeur d'aujourd'hui sur la base d'un taux d'intérêt est appelé **actualisation**. En d'autres termes, l'actualisation est la détermination de la valeur actuelle d'un flux de trésorerie attendu dans le futur. Pour un montant unique de flux de trésorerie futurs, la formule de valeur d'actualisation suivante est utilisée pour déterminer la valeur actuelle en fonction de la valeur future :

$$Valeur\ actuelle = Valeur\ future * \frac{1}{(1+i)^n} \tag{4.14}$$

Où i = taux d'intérêt et n = l'année au cours de laquelle la valeur future est obtenue. On peut voir que la valeur d'un dollar dans le futur est inférieure à la valeur d'un dollar aujourd'hui car le dénominateur de la formule est supérieur à un.

Considérons maintenant une séquence de flux de trésorerie généré par un projet. La détermination de la valeur actuelle des avantages du projet doit tenir compte du profil temporel en raison de la valeur temporelle de l'argent. Ainsi la valeur actuelle d'une séquence de flux de trésorerie est déterminée comme la somme des valeurs actuelles des flux de trésorerie individuels :

$$Valeur\ présente = \sum_{t=1}^{n} \frac{CF_t}{(1+i)^t} \tag{4.15}$$

Chaque flux de trésorerie est actualisé individuellement et additionné au reste.

Exemple 4.12 : Valeur actuelle d'une séquence de flux de trésorerie

Question : Quelle est la valeur actuelle d'un flux de trésorerie de 1 000$; 1.500$; 2 000$; 1.500$; 1 000$ sur les années 1 à 5 si le taux d'intérêt est de 5% ?

Réponse : Les calculs sont indiqués dans le tableau ci-dessous. Pour chaque année, le facteur d'actualisation est calculé et le produit du flux de trésorerie par le facteur d'actualisation donne la valeur actuelle du flux de trésorerie ; puis en additionnant toutes les valeurs actuelles individuelles, on trouve la valeur actuelle de la séquence de flux de trésorerie, qui est de 5 735 $. La valeur actuelle du flux de trésorerie (5 735 $) est inférieure à la somme nominale (7 000 $) en raison de l'effet d'actualisation.

Année	Flux de trésorerie	Facteur d'actualisation	Valeur présente
1	1 000	0.93	935
2	1 500	0.87	1 310
3	2 000	0.82	1 633
4	1 500	0.76	1 144
5	1 000	0.71	713
Total	7 000		5 735

6. ANNUITÉS

Dans le cas des **annuités** ou rentes, des versements égaux sont effectués pour plusieurs périodes de même durée (par exemple à chaque année).

6.1. Annuité ordinaire

Dans une **annuité ordinaire**, le premier paiement est effectué à la fin de la première année et les paiements sont effectués en versements égaux par la suite. La **convention de fin d'année** est que les paiements sont supposés être effectués à la fin de la période. La valeur future de l'annuité est la somme des valeurs futures de chacun des versements.

Figure 4.1 : Profil de l'annuité ordinaire

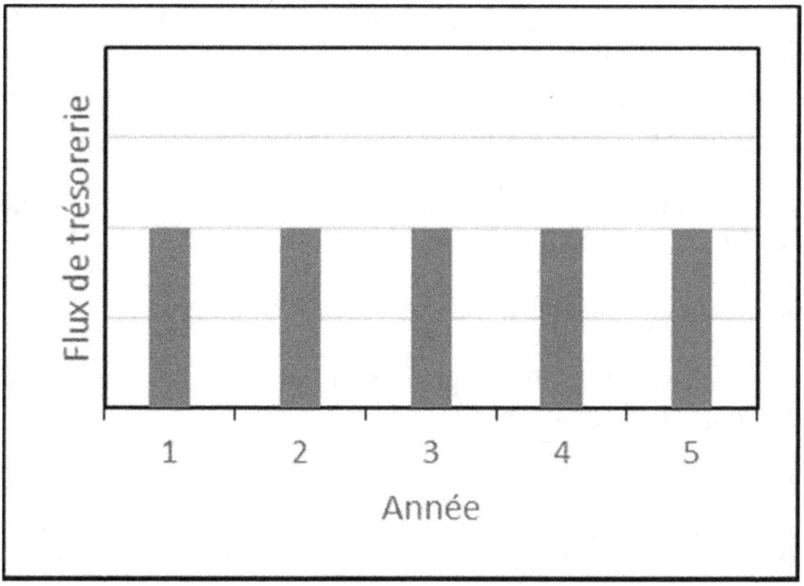

La formule de calcul de la valeur future d'un placement de rente ordinaire qui rapporte un intérêt *i* est la suivante :

$$Valeur\ future\ d'une\ annuité\ ordinaire = A\ \frac{(1+i)^n - 1}{i} \qquad (4.16)$$

Où *A* est la valeur de l'annuité.

Exemple 4.13 : Calcul de la valeur future d'une annuité ordinaire

Question : Quelle est la valeur future annuité ordinaire sur trois ans de 100 $, rémunérée à 8% ?

Réponse : Faisant usage de l'Eq. 4.16 avec A = 100 $, *i* = 8% et *n* = 3, la valeur future de la rente est 324,6 $

La formule pour la détermination de la valeur actuelle d'une annuité ordinaire est la suivante :

$$Valeur\ actuelle\ d'une\ annuité\ ordinaire = A\frac{1-(1+i)^{-n}}{i} \qquad (4.17)$$

Exemple 4.14 : Calcul de la valeur actuelle d'une annuité ordinaire

Question : Quelle est la valeur actuelle d'une annuité ordinaire de trois ans de 100 $ qui est rémunérée à 8% ?

Réponse : Faisant usage de l'Eq. 4,17 avec A = 100 $, i = 8% et n = 3, la valeur actuelle de la rente est de 257,7 $

L'annuité ordinaire correspondant à une valeur actuelle donnée est trouvée en résolvant l'eq. (4.17) pour A :

$$A = Valeur\ actuelle\ d'une\ annuité\ ordinaire * \frac{i}{1-(1+i)^{-n}} \qquad (4.18)$$

Il s'agit de la formule utilisée pour les calculs d'amortissement des prêts, comme indiqué à la section 6.6.

6.2. Annuité due

Dans le cas d'une **annuité due**, le premier versement est dû au début de la période plutôt qu'à la fin de la période.

La formule de la valeur future d'une annuité due qui rapporte un intérêt *i* :

$$Valeur\ future\ d'une\ annuité\ due = A\ \frac{(1+i)^{n+1}-(1+i)}{i} \qquad (4.19)$$

La formule de la valeur actuelle d'une annuité due qui rapporte un intérêt i :

$$Valeur\ actuelle\ d'une\ annuité\ due = A\frac{1-(1+i)^{-n}}{i}(1+i) \qquad (4.20)$$

6.3. Perpétuité

Une **perpétuité** est une annuité perpétuelle, c'est-à-dire une série de flux de trésorerie infinie. La valeur actuelle d'une perpétuité est donnée par :

$$Valeur\ actuelle\ d'une\ perpétuité = \frac{A}{i} \qquad (4.21)$$

Exemple 4.15 : Valeur actuelle d'une perpétuité

Question : John veut créer un fonds qui fournira 1 000 000$ par an indéfiniment à ses enfants. Si le taux d'intérêt est bloqué à 5%, quel devrait être le montant du fonds ?

Réponse : Il s'agit d'une perpétuité de 1 000 000$ avec un taux d'intérêt de 5% ; Eq. 4.21 donne valeur actuelle = 1 000 000$ / 0,05 = 20 000 000$.

Dans le cas d'une perpétuité croissante, les paiements doivent croître à un taux donné, disons g % ; la valeur actuelle d'une perpétuité croissante est déterminée comme suit :

$$Valeur\ actuelle = \frac{A}{i-g} \qquad (4.22)$$

Exemple 4.16 : Valeur actuelle d'une perpétuité croissante

Question : Jean souhaite créer un fonds qui fournira indéfiniment à ses descendants une somme de 1 000 000 augmentant à un taux de 3%. Si le taux d'intérêt est bloqué à 5%, quel devrait être le montant du fonds ?

Réponse : Il s'agit d'une perpétuité croissante de 1 000 000 $ avec un taux de croissance de 3% et un taux d'intérêt de 5% ; Eq. 4.22 donne valeur présente = 1 000 000 / (0,05-0,03) = 50 000 000 $.

6.4. Obligation

Une **obligation** est une combinaison d'une annuité (formée par les **coupons d'intérêt**) sur plusieurs années plus un paiement final (**valeur nominale de l'obligation**) à la date d'échéance en échange d'un investissement (paiement initial). Les intérêts sur les obligations sont généralement payés semestriellement.

Exemple 4.17 : Valeur actuelle d'une obligation ordinaire

Question : Supposons qu'un investissement soit effectué sur une obligation à échéance de 10 ans avec un coupon de 10%, payant deux fois par an et d'une valeur nominale de 1000 $. En supposant un taux de rendement requis de 12% pour l'obligation, quelle est la valeur actuelle de l'obligation ?

Réponse : Le profil de la séquence des flux de trésorerie est illustré ci-dessous.

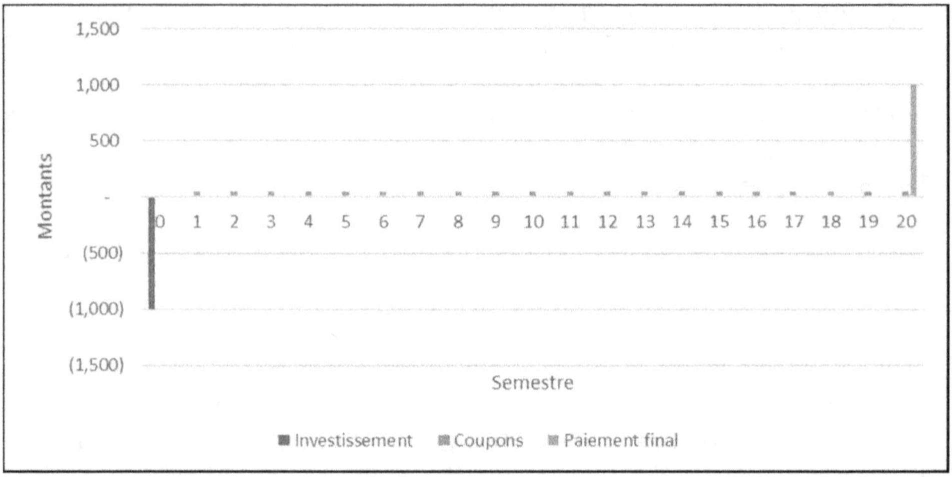

Le taux d'intérêt par semestre est de 10% / 2 = 5% ; par conséquent, l'obligation paie 1000 * 5% par semestre ou 50 \$. Cela se fait sur 10 ans ou 20 semestres. Le taux de rendement requis est de 12% par an, soit 6% par semestre. En utilisant la formule de la valeur actuelle d'une rente ordinaire (eq. 4.17) avec A = 50 ; i = 6% ; et n = 20) on constate que la valeur actuelle de la séquence des flux d'intérêts est de 573,50 \$. La valeur actuelle du paiement final de 1 000\$ à la fin de la période d'échéance est, en utilisant l'équation. 4.14 : $1\ 000 / (1 + 0{,}06)^{20} = 311{,}80$ \$. Par conséquent, la valeur actuelle de l'investissement obligataire est de 573,50 + 311,80 = 885,30 \$. La valeur actuelle est inférieure à l'investissement initial de 1 000 \$, ce qui laisse entendre que l'investissement ne doit pas être effectué. Si le taux de rendement requis était de 6% par an au lieu de 12%, la valeur actuelle de l'investissement aurait été de 1 297,55, auquel cas l'investissement serait considéré comme fructueux.

Exemple 4.18 : Valeur future d'une obligation ordinaire

Question : Quelle est la valeur future d'une obligation ordinaire d'une valeur nominale de 100 $, coupons de 6% payés annuellement sur 10 ans si les intérêts sont investis à un taux d'intérêt de 5% ?

Réponse : L'investissement représente un flux de 6 $ (100 $ * 6%) sur 10 ans et le taux d'intérêt est de 5%. En utilisant la formule de la valeur future d'une annuité ordinaire (Eq. 4.16) avec A = 6 $, i = 5% et n = 10, on constate que la valeur future de la séquence de flux d'intérêts est 6 $[(1 + 0,05)^{10} - 1] / 0,05$ = 75,47 $. En ajoutant le paiement final de 100 $ à la date d'échéance, la valeur future de l'investissement est de 175,47 $.

6.5. Fonds d'amortissement

Un **fonds d'amortissement** est un plan d'investissement où l'on souhaite effectuer des dépôts réguliers à la fin de chaque année pendant plusieurs années à un taux d'intérêt donné pour obtenir une somme future. En utilisant la formule de la valeur future d'une rente ordinaire (équation 4.16) et en la résolvant pour A, la formule pour une annuité de fonds d'amortissement est déterminée comme suit :

$$A = Valeur\ future * \frac{i}{(1+i)^n - 1} \qquad (4.23)$$

Exemple 4.19 : Fonds d'amortissement

Question : Si l'on veut accumuler un capital de 1 000 000 $ pour la retraite après 30 ans, combien devraient être les cotisations annuelles si le taux d'intérêt est bloqué à 10% ?

Réponse : Utilisation de (Eq. 4.23) avec valeur future = 1 000 000 $; i = 10% ; n = 30 ; on trouve que A = 6 079,25 $. Payer 6 079,25 $ par année rémunéré à un taux d'intérêt de 10% créera un capital de 1 000 000 $ après 30 ans.

6.6. Amortissement de prêt

Les prêts amortis sont des prêts qui sont remboursés en versements périodiques égaux, par ex. les prêts automobiles, les hypothèques et la plupart des prêts commerciaux. L'intérêt est la rémunération du prêt et est incorporé aux paiements réguliers ainsi que le remboursement d'une partie du principal.

Les intérêts représentent le coût de location de l'argent et résultent de la prise en compte du temps, du risque lié à l'érosion du pouvoir d'achat causée par l'inflation, du risque de défaut, du risque lié à la variation imprévisible des taux d'intérêt dans un sens ou dans l'autre. Un aspect important à noter concernant les prêts est que, pour chaque période, la banque perçoit des intérêts sur le solde impayé pour la période seulement. Par conséquent, au début de l'amortissement d'un prêt, les intérêts sont élevés et diminuent à mesure que le principal impayé diminue. L'équation 4.18 est celle utilisée pour calculer le calendrier d'amortissement d'un prêt.

Exemple 4.20 : Calendrier d'amortissement de prêt – amortissement annuel

Question : Quel est le calendrier d'amortissement d'un emprunt de 15 000 $ amorti annuellement si l'intérêt nominal est de 7% et l'échéance de 5 ans ?

Réponse : Le paiement annuel est déterminé en utilisant la formule pour calculer une annuité en connaissant la valeur actuelle qui est le principal du prêt (eq. 4.18), avec la **valeur présente** de l'annuité ordinaire = 15 000 $; i = 7% ; n = 5 ; on trouve A = 3 658 $, soit le montant du paiement annuel pour l'amortissement du prêt.

Le calendrier d'amortissement du prêt est présenté ci-dessous :

Année	Ouverture (début)	Intérêts encourus	Montant dû (fin)	Paiement (fin)	Clôture (fin)
1	15 000	1 050	16 050	3 658	12 392
2	12 392	867	13 259	3 658	9 601
3	9 601	672	10 273	3 658	6 614
4	6 614	463	7 077	3 658	3 419
5	3 419	239	3 658	3 658	0

Année après année, le principal payé est le paiement moins les frais d'intérêt ; la composante intérêt diminue tandis que la composante de principal augmente.

La structure de remboursement annuel est indiquée dans le tableau ci-dessous :

Année	Composante d'intérêt	Composante de principal	Total payé
1	1 050	2 608	3 658
2	867	2 791	3 658
3	672	2 986	3 658
4	463	3 195	3 658
5	239	3 419	3 658
Total	3 292	15 000	18 292

On peut également vérifier que la valeur actuelle des annuités est égale au principal du prêt :

Année	Flux de trésorerie	Facteur d'actualisation	Valeur présente
1	3 658	0.93	3 419
2	3 658	0.87	3 195
3	3 658	0.82	2 986
4	3 658	0.76	2 791
5	3 658	0.71	2 608
Total			15 000

Exemple 4.21 : Calendrier d'amortissement d'un prêt - amortissement mensuel

Question : Un prêt de 150 000 $ est amorti mensuellement sur 10 ans à un taux d'intérêt nominal de 11% par an, quel est le remboursement mensuel ?

Réponse : En utilisant la formule d'annuité (eq. 4.18) avec valeur présente = 150 000 $; n = 10 * 12 = 120 périodes ; intérêt composé i = 11% / 12 on trouve un remboursement mensuel de 2 066 $.

Le calendrier de remboursement du prêt est illustré ci-dessous :

Mois	Ouverture (début)	Intérêts chargés	Montant dû (fin)	Paiement (fin)	Clôture (fin)
1	150 000	1 375	151 375	2 066	149 309
2	149 309	1 369	150 677	2 066	148 611
3	148 611	1 362	149 973	2 066	147 907
...	...	...	...	...	...
120	2 047	19	2 066	2 066	0

L'intérêt total payé est de 97 950 $ et le capital total remboursé est bien entendu le montant nominal de l'emprunt 150 000 $.

CHAPITRE V

FINANCES DU PROJET

Le but d'une entreprise est de répondre aux besoins du marché et, ce faisant, de générer une valeur économique pour ses propriétaires. L'élément clé utilisé pour évaluer la capacité du projet à générer de la valeur économique est le **flux de trésorerie disponible** (« *free cash-flow* » en anglais) du projet (encore appelé *flux de trésorerie net* ou *flux de trésorerie libre*), et l'objectif principal de ce chapitre est d'expliquer comment parvenir à le déterminer.

Le flux de trésorerie disponible est obtenu une fois que tous les coûts encourus par l'entreprise dans son processus de production et les impôts sont déduits des revenus générés par les ventes. Le terme « disponible » signifie que tous les passifs en intérêts ou en impôts ont été comptabilisés et que la direction de l'entreprise peut utiliser à sa discrétion le reliquat pour rembourser le principal des prêts, rémunérer les actionnaires ou réinvestir dans l'entreprise à des fins de croissance. Ainsi, les flux de trésorerie disponibles générés par un projet résultent de la capacité de ce dernier à consommer et générer des liquidités pour chaque année de sa vie économique ; une activité clé de l'analyse des investissements est de déterminer *ex-ante* les finances du projet, c'est-à-dire la projection des flux de trésorerie disponibles qui seront générés par le projet.

Il est important de noter que le flux de trésorerie disponible fait référence à l'argent liquide et non au profit, qui sont deux réalités différentes. Le profit est un concept comptable et même une entreprise qui déclare un profit peut manquer de liquidités pour rembourser ses obligations immédiates et peut être forcée par ses créanciers à déclarer l'insolvabilité. En contraste, les recettes et les dépenses en espèces sont objectivement vérifiables, tandis que le profit peut être influencé dans une certaine mesure par les pratiques comptables. Pour ces raisons, l'évaluation de l'investissement se concentre sur le flux de trésorerie disponible, car « l'argent est roi », comme le dit le l'adage. La valeur d'un investissement résultera des montants, du calendrier et des risques associés aux flux de trésorerie disponibles générés.

1. CONCEPTS CLÉS DE L'ANALYSE DES PROJETS D'INVESTISSEMENT

Dans le processus d'évaluation de projet, il y a quelques principes clés que l'analyste doit garder à l'esprit :

- Comme indiqué ci-dessus, **l'évaluation est effectuée sur une base de trésorerie et non sur une base de profit** - c'est-à-dire qu'il s'agit de la trésorerie générée par l'entreprise, et librement utilisable par sa direction pour le remboursement du principal du prêt, l'investissement pour stimuler la croissance ou la rémunération des actionnaires qui est en cours d'analyse, pas le profit. Le flux de trésorerie disponible et le profit sont différents parce que le profit est un chiffre comptable qui comprend des éléments non monétaires tels que l'amortissement.
- **Seuls les flux de trésorerie supplémentaires sont inclus dans l'évaluation** - ce qui signifie que seuls les coûts ou les revenus générés par le projet et qui n'existeraient pas si le projet n'était pas entrepris sont inclus dans l'analyse. Par exemple, si une entreprise crée un nouveau projet, les frais généraux qui existent déjà indépendamment du nouveau projet ne peuvent pas lui être imputés. Seuls les effets secondaires créés par le projet, par ex. les **coûts différentiels** doivent être pris en compte

dans l'analyse. Ce qui est pris en compte est l'incrémental, soit la différence entre les scénarios « avec le projet » et « sans projet ».

- **La rentabilité de l'investissement est déterminée sur la base d'une entité autonome**, c'est-à-dire indépendamment de la modalité de financement. La rentabilité de l'investissement est d'abord déterminée comme si les ressources financières nécessaires à l'investissement étaient entièrement disponibles pour le projet. Ce n'est qu'après que le projet ait été jugé utile d'être poursuivi intrinsèquement que les modalités de financement seront incluses dans l'évaluation. Ainsi, l'évaluation du projet est échelonnée en deux phases désignées, respectivement, comme évaluation sur la base d'une entité autonome et évaluation en intégrant la solution de financement préconisée. En d'autres termes, la décision d'investissement est séparée de la décision de financement.
- **L'évaluation du projet est effectuée uniquement sur la base des coûts futurs**, ce qui signifie que les dépenses passées ne sont pas prises en compte. Par exemple, les coûts de développement de projet (études de marché, conception technique etc.) qui permettent de concevoir et d'obtenir les détails de fonctionnement du projet sont considérés comme des **coûts irrécupérables** (*sunk costs* en anglais) car ils sont encourus dans tous les cas indépendamment de la décision d'avancer ou non avec le projet. Les coûts irrécupérables ne font pas partie d'une évaluation de projet et seuls les flux de trésorerie futurs sont pertinents. Les considérations sur les coûts irrécupérables ne sont pas pertinentes dans la budgétisation des dépenses en capital.
- **Le projet a une durée de vie économique limitée**- ce qui signifie qu'il y a un nombre connu d'années pendant lesquelles le projet peut fonctionner efficacement et fournir des retours à l'investisseur. La durée de vie du projet peut correspondre à la durée de vie économique du composant principal (par exemple, la durée de vie économique d'une centrale solaire dans un projet de production d'énergie solaire autonome), ou à la durée de la période de concession le cas échéant (par exemple, un projet agricole ou minier). La durée de vie des projets varie considérablement - les grands projets d'infrastructure tels que les barrages peuvent avoir une durée de vie économique de 30 à 40 ans, ce qui correspond à la période pendant laquelle le barrage fonctionnera de manière satisfaisante et fournira des avantages économiques.

- **Le flux de trésorerie final d'un projet reflète la cession de ses actifs plus la récupération du solde du fonds de roulement**. Le flux de trésorerie généré par la cession des actifs est calculé à la valeur de vente estimée et intervient normalement après le dernier flux de trésorerie d'exploitation.
- **L'évaluation du projet est effectuée sur la base des prix réels, c'est-à-dire en supposant une inflation nulle, et non sur des prix nominaux**. La raison en est que l'inflation est difficile à prévoir et que ses prévisions ajouteront une couche d'incertitude aux résultats de l'évaluation. De plus, sans inflation, l'approche prudente est utilisée car les projections de revenus bruts représenteront un scénario conservateur.
- **Les calculs du projet sont effectués selon la convention de fin d'année** - ce qui signifie que tous les flux de trésorerie ayant lieu au cours d'une période sont supposés avoir eu lieu à la fin de la période.

2. PROFILS DE FLUX DE TRÉSORERIE

Un profil de flux de trésorerie de projet est la séquence de la trésorerie consommée (également désignée comme sortie de trésorerie ou flux de trésorerie négatif) et de la trésorerie générée (également désignée comme entrée de trésorerie ou flux de trésorerie positif) par le projet. Il existe deux types de profil de flux de trésorerie : conventionnel et non conventionnel.

2.1. Profil conventionnel

Un **profil conventionnel** survient lorsque la séquence de flux de trésorerie change de signe une seule fois pendant toute la durée de vie économique du projet.

Le premier cas est celui où un important flux de trésorerie négatif initial (l'investissement) ou dépense en capital est effectué à la « période zéro » ou année zéro du projet lorsque la période est annuelle, et est suivi d'un flux de trésorerie positif (les rendements). Le deuxième cas est lorsque l'investissement s'étend sur plusieurs années et que le projet peut commencer à être exploité avant que la totalité de l'investissement ne soit finalisé, par exemple dans le cas d'une route à péage qui est construite par tronçons et les tronçons sont ouverts à la circulation au fur et à mesure de leur achèvement, fournissant ainsi des revenus partiels. Les profils de flux de trésorerie conventionnels sont illustrés à la Fig. 5.1.

Figure 5.1 : Profils de flux de trésorerie conventionnels

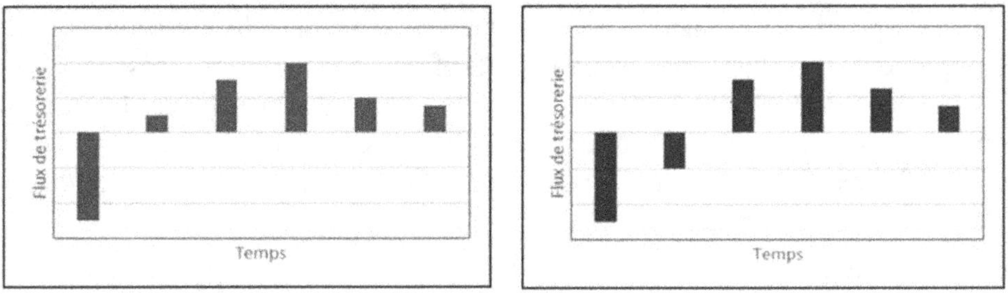

2.2. Profil non conventionnel

Tous les autres cas où la séquence des flux de trésorerie change de signe plus d'une fois sont dits non conventionnels.

Figure 5.2 : Profil de flux de trésorerie non conventionnel

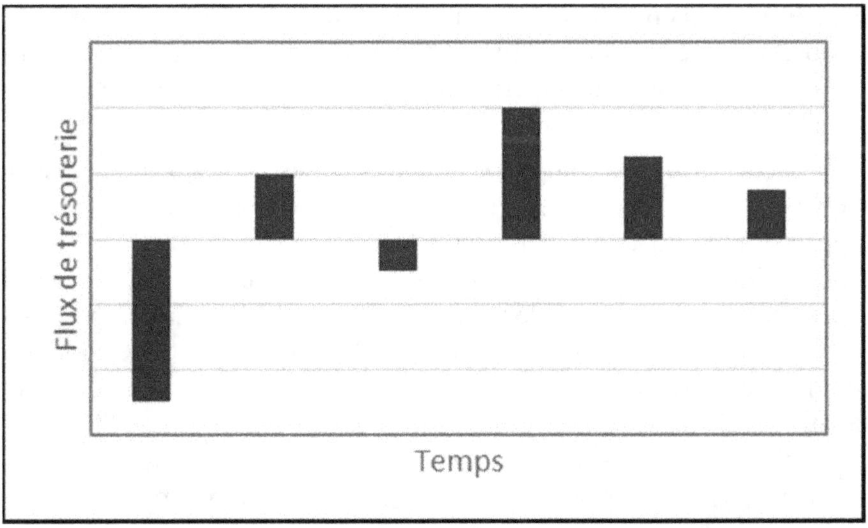

3. ACTIFS

Afin de produire des avantages financiers pour ses propriétaires, une entreprise utilise des **actifs** ou des ressources qu'elle détiendra ou prendra en location. Les actifs peuvent être classés comme réels ou financiers, corporels ou incorporels. Les actifs réels sont les terrains, les machines, les équipements ou les stocks. Les actifs financiers sont la trésorerie ou l'équivalent de trésorerie, les débiteurs, les dépenses prépayées. Les actifs corporels sont ceux qui ont une nature physique tels que les actifs réels, et les actifs incorporels sont ceux qui sont de nature abstraite comme les droits d'auteur, les licences ou brevets.

Le rendement fourni par un actif est une préoccupation clé dans l'évaluation des investissements car l'acquisition d'actifs constitue souvent la principale source de dépenses.

Aux fins de l'analyse des investissements, les actifs sont considérés comme non courants ou courants.

3.1. Actifs non courants

Les **actifs non courants** ou **immobilisations** sont des biens matériels ou incorporels qui ne sont pas à vendre aux clients et qui ont généralement une durée de vie économique supérieure à un an. Ils sont classés en certaines sous-catégories :

- **Actifs corporels** - y compris les bâtiments, les usines, les machines, les véhicules et l'équipement, le mobilier et les accessoires (communément appelés immobilisations corporelles) ;
- **Actifs incorporels** - tels que les droits d'auteur ou la propriété intellectuelle, les brevets, les marques, le *goodwill* ou la reconnaissance de la marque, les dessins, les logos, etc. Le goodwill est une sorte d'actif qui joue un rôle important dans le contexte d'une acquisition d'entreprise au niveau du marché.
- **Investissement dans d'autres entreprises** - il s'agit de participations ne donnant pas le contrôle, car l'entreprise détient normalement moins de 50% des actions d'une autre entité économique ; sinon, la seconde entité économique sera incluse dans l'entreprise.

3.2. Actifs courants

Le terme **Actif courants** signifie que les actifs seront normalement échangés ou épuisés dans un délai d'un an. Les catégories d'actifs courants sont les suivantes :

- **Inventaire ou stocks** - il s'agit de la matière première conservée dans l'entreprise pour fabriquer des produits finis. Ils comprennent les produits non finis également appelés travaux en cours.
- **Comptes débiteurs** - il s'agit de l'argent que les clients doivent à l'entreprise après des ventes à crédit et qui n'ont pas encore été recouvrés.
- **Instruments de trésorerie** ou **équivalents de trésorerie** – ce sont des actifs facilement convertibles en espèces chaque fois que nécessaire, par exemple obligations d'État ou bons du Trésor, titres négociables, billets de trésorerie. Le montant de la trésorerie liquide conservée dans une entreprise est généralement relativement faible car sa fonction n'est pas de détenir de la trésorerie à moins qu'elle ne prévoie une acquisition à court terme.
- **Dépenses prépayées**- il s'agit de l'argent déjà payé aux fournisseurs de services à l'avance pour des services ou des biens qui n'ont pas encore été reçus.

3.3. Actifs totaux

La somme des actifs non courants et des actifs courants constitue les **actifs totaux** ou l'actif total de l'entreprise. L'actif total représente tous les moyens matériels et immatériels que la direction de l'entreprise utilise pour l'exploiter. Le but de la direction est d'employer l'actif total à des fins productives et aussi efficacement que possible pour générer une valeur économique pour les propriétaires. Les stocks et les comptes débiteurs sont des catégories importantes des actifs de l'entreprise et représentent souvent jusqu'à 50% de l'actif total de l'entreprise.

$$Actifs\ totaux = Actifs\ non\ courants + \ Actifs\ courants \qquad (5.1)$$

4. PASSIFS

Un **passif** désigne une obligation que l'entreprise a vis-à-vis d'une autre entité économique et qui peut être tout type de dette ou d'obligation financière. Parfois, le terme « passif » vise également à inclure l'argent investi dans l'entreprise par les propriétaires. Cependant, dans ce livre, il sera utilisé pour désigner spécifiquement les dettes ; l'argent investi par les propriétaires sera désigné comme **fonds propres** ou capitaux propres. Les passifs sont également classés en non courants et courants.

4.1. Passifs non courants

Les **passifs non courants** sont les obligations à long terme exigibles dans un délai de plus d'un an. Ceux-ci incluent :

- Dettes à long terme
- Dettes fiscales différées

4.2. Passifs courants

Les **passifs courants** sont les dettes devant être liquidées dans un délai d'un an et comprennent :

- Comptes créditeurs - ce sont les montants dus par l'entreprise à ses fournisseurs ;
- Dettes à court terme - ce sont les obligations à payer dans un délai d'un an, par exemple intérêts, impôt sur le revenu, découverts bancaires, et autres charges.
- Dettes à long terme - ce sont les dettes dues pour le remboursement des intérêts et du principal dans un délai d'au moins un an ou la partie courante des dettes à long terme.

4.3. Passifs totaux

Les **passifs totaux** représentent la somme des passifs non courants et des passifs courants :

$$Passifs\ totaux = Passifs\ non\ courants + Passifs\ courants \qquad (5.2)$$

5. CAPITAUX PROPRES

Les *fonds propres* (ou capitaux propres) représentent l'argent investi dans l'entreprise par les propriétaires et utilisé pour financer les actifs en plus des prêts obtenus des prêteurs. Une entreprise n'a que deux sources de financement qui sont les fonds propres et les prêts, ces derniers étant fournis par les banquiers et les créanciers. Les fonds propres se présentent sous la forme de liquidités apportées lors de la constitution de l'entreprise (capital-actions), de bénéfices non répartis, c'est-à-dire de bénéfices réinvestis dans l'entreprise à des fins de croissance, ou de réserves de capital.

6. ÉQUILIBRE ENTRE LES USAGES ET LES SOURCES DE FINANCEMENT

Comme mentionné ci-dessus les ressources employées par l'entreprise pour générer de la richesse économique ne peuvent provenir que de deux sources, soit les fonds propres, soit la dette ; donc :

$$Actifs\ totaux = Passifs\ totaux + fonds\ propres \qquad (5.3)$$

Cela signifie que les utilisations de fonds correspondent aux sources de fonds, comme illustré ci-dessous.

Fonds déployés	=	*Fonds mobilisés*
Actifs totaux	=	Fonds propres + Passifs totaux

Cet équilibre est appelé **Équation comptable**, qui est discutée plus en détail dans la section 2.1. du chapitre 7.

7. DÉPENSES EN CAPITAL

Les **dépenses en capital** (CAPEX) sont également désignées comme **capital fixe** et correspondent au montant investi pour l'achat et l'installation (le cas échéant) d'actifs non courants. Le CAPEX est la totalité des ressources utilisées pour une installation. Cela comprend le matériel et les actifs incorporels décrits à la section 3 ci-dessus.

L'encadré 5.1 présente les lignes typiques de dépense en capital.

Encadré 5.1 : Dépenses en capital

Coûts en capital
Terrains
Immeubles
Services
Services de consultants
Services non-consultants
Équipement
Achat et installation
Pièces de rechange
Infrastructures de génie civil

8. FONDS DE ROULEMENT

Il y a lieu de distinguer le **fonds de roulement** au sens stricte et le **fonds de roulement opérationnel** ; ce dernier est souvent désigné par fonds de roulement tout court.

8.1. Fonds de roulement

Le **fonds de roulement** (en anglais, *working capital*), encore appelé **fonds de roulement net** (en anglais, *net working capital*) est défini comme la différence entre les actifs courants et les passifs courants :

$$\text{Fonds de roulement} = \text{Actifs courants} - \text{Passifs courants} \qquad (5.4)$$

Le fonds de roulement est considéré comme un indicateur de la liquidité à court terme de l'entreprise, c'est-à-dire de sa capacité à faire face à ses obligations à court terme et à soutenir ses opérations.

		Actifs courants	-	*Passifs courants*
Fonds de roulement	=	• *Inventaires ou stock* • *Comptes débiteurs* • *Cash ou équivalents cash* • *Dépenses prépayées*	-	• *Comptes à payer* • *Passifs encourus* • *Emprunts à court terme*

8.2. Fonds de roulement opérationnel

Le **fonds de roulement opérationnel** est un concept plus restreint qui peut être utilisé dans la modélisation et est défini comme la différence entre les actifs courants, à l'exception de la trésorerie et des équivalents de trésorerie, d'une part, et les passifs courants, à l'exception des dettes découlant d'emprunts, d'autre part. En supposant qu'il n'y a pas de frais prépayés ou de charges à payer, le fonds de roulement opérationnel est :

$$\text{Fonds de roulement opérationnel} = \text{Comptes débiteurs} + \text{Inventaire} - \text{Comptes créditeurs} \qquad (5.5)$$

Le fonds de roulement opérationnel est une mesure de l'argent entrant et sortant de l'entreprise quotidiennement en raison des activités commerciales régulières. Il est souhaitable pour une entreprise d'avoir un fonds de roulement opérationnel positif, sinon elle risque de ne pas respecter ses obligations à court terme.

Le fonds de roulement opérationnel peut être considéré comme un financement que l'entreprise fait à ses clients en vue de faciliter le processus de vente. Ce financement se présente sous la forme de crédit pour les ventes à des clients connus (compte à recevoir) et sous forme d'inventaire (stocks) à des clients encore inconnus qui trouveront le produit facilement disponible quand ils le souhaitent au lieu d'avoir à attendre qu'il soit fabriqué. Cependant, l'entreprise elle-même est cliente d'autres entreprises, de sorte qu'au moins une partie de l'inventaire est financée par un crédit concédé par les fournisseurs (comptes fournisseurs). Ainsi, le montant net de financement que l'entreprise injecte dans le cycle d'exploitation à tout moment est la différence entre le financement qu'elle a fait pour le client et le financement qu'elle a reçu de ses fournisseurs, qui est le fonds de roulement opérationnel. Le fonds de roulement opérationnel est donc un prêt à court terme d'une durée maximale égale à la somme des jours créanciers (temps moyen pour collecter l'argent auprès des clients) et des jours d'inventaire (temps moyen d'un produit reste en stock) ; les deux concepts sont détaillés dans la section suivante.

Lors de la création de l'entreprise, l'investisseur finance les besoins de fonds de roulement opérationnel pour la première période dans le cadre de la dépense initiale (voir section 9.1) ; mais par la suite, le fonds de roulement opérationnel est normalement financé par le produit des ventes, c'est pourquoi le il est désigné comme l'argent de l'entreprise lié au cycle d'exploitation et qui sera finalement totalement libéré vers la fin du projet.

8.2.1. Jours débiteurs, jours créanciers et jours d'inventaire

La mesure des composantes du fonds de roulement opérationnel est souvent exprimée en « jours » pour évaluer les performances de l'entreprise en matière de recouvrement de ses créances, de paiement de ses dettes et de gestion des stocks sans immobiliser inutilement des liquidités. Cela permet également de faciliter le suivi des composants du fonds de roulement opérationnel dans le temps et de corriger toute forme de détérioration. Les jours sont obtenus en divisant la valeur annuelle des créances, des dettes ou des inventaires par 365, c'est-à-dire le nombre de jours par an (pris comme 365 ou parfois 360). Ainsi on définit :

- **Jours débiteurs** ou période de recouvrement - Il s'agit du nombre moyen de jours de crédit que les clients prennent avant de payer leur dû à l'entreprise.

$$Jours\ débiteurs = \frac{Comptes\ débiteurs}{Ventes\ annuelles} x\ 365 \quad (5.6)$$

- **Jours d'inventaire**. Il s'agit du nombre moyen de jours d'inventaire détenus par l'entreprise.

$$Jours\ d'inventaire = \frac{Inventaires}{COGS\ annuel}\ x\ 365 \quad (5.7)$$

Où COGS est le coût des ventes, voir la section 11.1.

- **Jours créanciers**. Il s'agit du temps moyen nécessaire à l'entreprise pour rembourser ses créanciers

$$Jours\ créanciers = \frac{Comptes\ créanciers}{COGS\ Annuel} x\ 365 \quad (5.8)$$

Les jours débiteurs, jours d'inventaire et jours créanciers représentent des mesures d'activité.

8.2.2. Calcul du fonds de roulement opérationnel

Les estimations des composantes du fonds de roulement opérationnel se font donc comme suit :

$$Comptes\ créanciers = COGS\ x\ \frac{Jours\ créanciers}{365} \quad (5.9)$$

$$Comptes\ débiteurs = Revenus\ bruts\ x\ \frac{Jours\ débiteurs}{365} \quad (5.10)$$

$$Inventaires = COGS\ x\ \frac{Jours\ inventaire}{365} \quad (5.11)$$

Les définitions ci-dessus utilisées en conjonction avec l'eq. 5.5 facilite l'estimation du fonds de roulement opérationnel en fonction des prévisions de ventes ou de revenus annuels et compte tenu des politiques de l'entreprise concernant le délai de recouvrement des créances, le délai de liquidation des dettes et la quantité d'inventaire détenu en jours de production. Parfois, le besoin en fonds de roulement opérationnel est calculé en proportion des ventes annuelles.

Exemple 5.1 : Besoins en fonds de roulement opérationnel - en utilisant un ratio sur les ventes

Question : Une entreprise a prévu des ventes de 500$; 750$; 1000$; 2000$; et 1500$ pour les cinq prochaines années. Le coût des biens vendus représente 35% des ventes. Quels seront les besoins en fonds de roulement opérationnel en supposant un ratio de 23% de ce dernier sur les ventes ?

Réponse : L'application du ratio de 23% à chaque année permet de calculer les besoins en fonds de roulement opérationnel comme indiqué ci-dessous :

Année	0	1	2	3	4	5
Revenus	0	500	750	1 000	2 000	1 500
Besoins en FdRO	0	115	172.5	230	460	345

Note : FdRO = fonds de roulement opérationnel

Exemple 5.2 : Besoins en fonds de roulement opérationnel - en utilisant des mesures d'activité

Question : Une entreprise a prévu des ventes de 500$; 750$; 1000$; 2000$; et 1500$ pour les cinq prochaines années. Quels seront les besoins en fonds de roulement opérationnel si les jours débiteurs, les jours d'inventaire et les jours créditeurs sont respectivement de 90, 60 et 30 jours, et en supposant un ratio de 35% du COGS sur les ventes ?

Réponse : En appliquant le ratio de 35% à chaque année de ventes, le coût des ventes peut être déterminé et en utilisant les eq. 5.9 à 5.11 les comptes débiteurs, l'inventaire et les comptes créditeurs peuvent être déterminés. Puis en utilisant eq. 5.5 on calcule le calendrier des besoins en fonds de roulement opérationnel comme indiqué ci-dessous :

Année	0	1	2	3	4	5
Revenus	0	500	750	1 000	2 000	1 500
COGS	0	175	263	350	700	525
Comptes débiteurs	0	123	185	247	493	370
Inventaires	0	29	43	58	115	86
Comptes à payer	0	14	22	29	58	43
Besoins en FdRO	0	138	207	275	551	413

8.2.3. Évolution du fonds de roulement opérationnel

L'entreprise a besoin d'un fonds de roulement opérationnel pour fonctionner, car il ne suffit pas d'avoir les immobilisations. Le fonds de roulement opérationnel est comme l'achat initial de carburant dans lequel un chauffeur de taxi investit, en dehors du véhicule qui est un actif fixe. Lors de l'initiation, les propriétaires investissent dans un fonds de roulement opérationnel qui peut être équivalent aux besoins pour une période d'activité de durée définie. Pour que l'entreprise fonctionne correctement pour la période suivante, l'augmentation ou la modification des besoins en fonds de roulement opérationnel est ce qui doit être financé. La variation du fonds de roulement opérationnel est définie comme :

$$Variation\ en\ fonds\ de\ roulement\ opérationnel = Besoins\ pour\ l'année\ (n+1) - Besoins\ pour\ l'année\ n \quad (5.12)$$

À la phase de démarrage d'un projet, les besoins en fonds de roulement opérationnel ont tendance à avoir une évolution croissante au fur et à mesure que les ventes prennent de l'ampleur et vers la fin du projet, c'est l'inverse et le fonds de roulement opérationnel est libéré progressivement, devenant une ressource.

Exemple 5.3 : Modifications des besoins en fonds de roulement opérationnel

Question : À l'aide des données de l'exemple précédent, déterminez les variations du fonds de roulement opérationnel.

Réponse : En appliquant l'eq. 5.12 on trouve les variations du fonds de roulement opérationnel par an.

Année	0	1	2	3	4	5
Revenus	0	500	750	1 000	2 000	1 500
COGS	0	175	263	350	700	525
Comptes débiteurs	0	123	185	247	493	370
Inventaires	0	29	43	58	115	86
Comptes à payer	0	14	22	29	58	43
Besoins en FdRO	0	138	207	275	551	413
Financement en FdRO	138	69	69	275	-138	-413

Les variations nettes du fonds de roulement opérationnel représentent le besoin de financement. Dans l'exemple ci-dessus, nous voyons qu'au début du projet (année 0) et pendant les 3 premières années, il sera nécessaire de financer le fonds de roulement opérationnel respectivement par 138, 69, 69 et 275. Dans les années 4 et 5, le fonctionnement la variation nette du fonds de roulement opérationnel devient négative et les sommes ainsi dégagées deviennent une ressource.

9. PROFIL D'INVESTISSEMENT

9.1. Dépense initiale

La **dépense initiale** nécessaire pour amener un projet au stade de la production est constituée du CAPEX (investissement en capital) plus un investissement en fonds de roulement pour financer au moins la première année d'exploitation. Si un financement du fonds de roulement est nécessaire pour les années suivantes (à partir de l'année 2), il pourra éventuellement être soustrait des revenus générés par le projet.

$$Dépense\ initiale = CAPEX + financement\ du\ Fonds\ de\ roulement \quad (5.13)$$

Exemple 5.4 : Dépense initiale

Question : Revenons aux données de l'exemple 5.3 et supposons que le CAPEX investi est de 1000$. Quel est le montant de la dépense initiale nécessaire ?

Réponse : La dépense initiale (à l'année 0) sera de 1138$ composée du CAPEX (1000 $) plus les besoins de financement en fonds de roulement opérationnel à l'année 0 (138 $), en supposant que par la suite le projet générera suffisamment de revenus pour financer les besoins en fonds de roulement opérationnel.

Le projet devrait normalement rembourser le fonds de roulement opérationnel à la fin de la première période et pour cette raison, le financement du fonds de roulement opérationnel est un prêt à court terme des promoteurs du projet au projet. Pour le reste de l'exploitation du projet, au besoin, une partie des revenus du projet sera liée sous forme de fonds de roulement.

9.2. Profil d'investissement

Étant donné que les actifs du projet auront très probablement encore une valeur de récupération à la fin du projet, le **profil d'investissement** résulte de la formule générique suivante, s'appliquant sur l'axe temporel (voir exemple 5.5) :

$$Investissement = CAPEX + financement\ du\ Fonds\ de\ roulement - valeur\ résiduelle\ après\ impôts \quad (5.14)$$

Exemple 5.5 : Profil d'investissement

Question : En continuant avec les données de l'exemple 5.4 et en supposant que les actifs auront une valeur résiduelle après impôt de 150$, quel est le profil d'investissement ?

Réponse : La valeur résiduelle après impôt est ajoutée au flux de trésorerie du projet à la fin de l'année 5, ce qui donne le calendrier suivant :

Année	**0**	**1**	**2**	**3**	**4**	**5**
Revenus	0	500	750	1 000	2 000	1 500
COGS	0	175	263	350	700	525
Comptes débiteurs	0	123	185	247	493	370
Inventaires	0	29	43	58	115	86
Comptes à payer	0	14	22	29	58	43
Besoins en FdRO	0	138	207	275	551	413
Financement en FdRO	138	69	69	275	-138	-413
Investissement	1 000					
Valeurs résiduelles						150
Investissement total	1 138	69	69	275	-138	-563

Un nouveau projet indépendant au sein d'une entreprise peut être considéré comme une mini-entreprise et seuls les montants supplémentaires directement attribuables au projet doivent être pris en compte. Dans le cas où il s'agit d'une entreprise en cours avec des actifs anciens qui peuvent être vendus, par exemple si le projet concerne la modernisation de l'équipement, le produit après impôt de cette vente doit être déduit de la dépense initiale.

10. REVENUS

Les ventes ou les revenus est l'argent qui est généré par les transactions normales du projet, y compris toutes les remises ou déductions accordées aux clients. Ils sont également désignés comme revenus bruts de la période d'exploitation et constituent la première ligne à partir de laquelle les coûts commencent à être déduits pour accéder au résultat net puis au flux de trésorerie disponible. La prévision des ventes est une étape critique qui conditionne fortement la qualité des résultats finaux de l'analyse financière.

10.1. Montants réels et nominaux

Lors de la mise en place d'un projet d'investissement, les revenus seront prévus en fonction de la segmentation du marché, de la niche, des accords contractuels potentiels et de la stratégie de l'entreprise (données de marchéage). Comme mentionné précédemment, les données de vente sont projetées en montants réels (et non en montants nominaux), c'est-à-dire sans effet de l'inflation, car la prévision de l'inflation comporte de l'incertitude et l'ajouter ne fera qu'ajouter une autre couche d'incertitude dans les résultats.

10.2. Comptabilisation des revenus

La comptabilisation des revenus peut être effectuée de différentes manières entre les entreprises et est différente de la réception de trésorerie réelle. Le **principe de la comptabilité d'exercice**, qui fait partie des **Principes comptables généralement reconnus** PCGR (voir la section 2.3 du chapitre 7), recommande que les produits soient comptabilisés lorsque les services ont été rendus ou que le produit a été transféré à l'acheteur. Cela signifie lorsque les revenus sont « réalisés et gagnés ». Très souvent, les entreprises vendent à crédit et les entrées de trésorerie peuvent donc se produire postérieurement à la constatation des revenus. Les revenus peuvent être reçus en espèces ou à crédit.

10.3. Revenus incrémentaux

Pour un projet au sein d'une entreprise existante, seuls les revenus supplémentaires directement attribuables au projet doivent être pris en compte, c'est-à-dire la différence de revenus entre le scénario « avec projet » et le scénario « sans projet ». Si le projet consiste en l'acquisition d'un nouvel équipement ou d'un nouvel actif dans un projet de remplacement, le coût fixe supplémentaire dérivera du coût fixe avec le nouvel actif moins le coût fixe avec l'ancien actif, qui représente la situation de référence.

11. Coûts

Le coût impliqué dans les opérations commerciales quotidiennes de l'entreprise se divise en deux sous-catégories :

- Les **coûts des ventes** (COGS, de l'anglais *cost of goods sold*) sont également appelés **coûts directs** ou **coûts d'exploitation** ou **coûts variables**.
- Les **charges d'exploitation** (OPEX, de l'anglais *operational expenses*) ou **coûts indirects** ou **frais généraux**

Le coût total est la somme des coûts d'exploitation et des frais généraux.

11.1. Coût des ventes

Le coût des ventes (COGS) représente le coût direct de production et comprend des éléments tels que les matières premières, la main-d'œuvre strictement utilisée pour les activités de production et tous les autres intrants qui sont consommés au cours du processus de production. Les coûts indirects de l'entreprise ne sont pas inclus dans le COGS.

Le calcul du coût des ventes se fait indirectement via les mouvements d'inventaire :

$$Coût\ des\ ventes = Inventaires\ en\ ouverture + Achats\ sur\ la\ période - Inventaires\ en\ clôture \qquad (5.15)$$

Le coût des ventes peut également être déterminé en pourcentage des ventes.

La marge brute résulte de la différence entre les ventes, ou revenu brut, et les coûts directs de production ou coût des ventes :

$$Bénéfices\ bruts = Revenus\ bruts - Coût\ des\ ventes \qquad (5.16)$$

Par conséquent, plus le coût des ventes est élevé, plus la marge est faible, ce qui est mesurée à travers la marge bénéficiaire brute :

$$Marge\ brute = \frac{Revenus\ bruts - \text{coût des ventes}}{Revenus\ bruts} \qquad (5.17)$$

Exemple 5.6 : Marge bénéficiaire brute

Question : Happy Tractor Inc. est une entreprise qui offre des services de location de tracteurs incluant chauffeur et carburant. Les projections sont qu'elle pourra louer le tracteur 40 jours par trimestre et le prix par jour est de 600 $ incluant les frais de carburant et de conducteur. Le coût d'exploitation pour chaque jour de location sont de 250 $ incluant le salaire et le carburant. Calculez la marge bénéficiaire brute.

Réponse : Les revenus par trimestre seront de (600 – 250) /600 soit 58%.

11.2. Charges d'exploitation

Les charges d'exploitation (OPEX) sont les coûts indirects nécessaires qui permettent à l'entité commerciale de fonctionner et comprennent :

- **Frais de vente, généraux et administratifs** (SG&A, de l'anglais *selling, general and administrative*) - Dépenses telles que salaires, commissions, publicité et marketing, loyer, services publics, fournitures non productives.
- **Recherche et développement** (R&D) - Dépenses engagées pour le développement de nouveaux produits et l'innovation.
- **Royalties** - Paiements effectués au gouvernement pour l'exploitation des ressources naturelles ou à des tiers pour du matériel protégé par le droit

d'auteur ou des franchises. Les redevances sont généralement facturées proportionnellement aux revenus générés. Il existe deux types de redevances: (i) les redevances à payer pour l'utilisation d'une propriété intellectuelle ou d'un savoir-faire; dans ce cas, il y aura un accord de licence qui documentera l'autorisation pour une telle utilisation selon des conditions et pour des territoires spécifiques; (ii) Les redevances perçues sur un actif par le propriétaire de l'actif, par exemple les redevances payées au gouvernement pour l'extraction de ressources naturelles, par exemple dans un projet minier ou pétrolier.

Habituellement, les dépenses d'exploitation ne varient pas avec la production, à l'exception des royalties, et pour cette raison, elles ont tendance à être appelées coûts fixes ou frais généraux.

Exemple 5.7 : Dépenses d'exploitation

Question : Continuons avec Happy Tractor Inc. Supposons que l'entreprise ait des coûts mensuels de 100 $ pour l'entretien général du tracteur, 1000 $ pour le salaire d'un employé, 600 $ pour le loyer et les services eau et électricité, 750 $ pour les assurances et un coût trimestriel de 250 $ pour la publicité. Quelles sont les dépenses de fonctionnement ?

Réponse : Les dépenses de fonctionnement par trimestre sont de 100 $ * 3 + 1000 $ * 3 + 600 $ * 3 + 750 $ + 250 $ = 6100 $.

Revenus	**24 000**
COGS	10 000
Bénéfice brut	**14 000**
Marge brute	58%
Charges d'exploitation	
SG&A	5 100
Publicité	250
Assurance	750
Dépenses d'exploitation totales	6 100

12. AUTRES REVENUS

Les **autres revenus** ou **revenus non opérationnels** sont ceux qui résultent d'activités non stratégiques ou d'investissements réalisés par l'entreprise. Ils surviennent parce que les entreprises peuvent s'engager dans des activités génératrices de revenus qui n'entrent pas dans le cadre de leurs activités commerciales principales. Parce que ce revenu est imposable, il doit être comptabilisé ; cependant, comme il ne fait pas partie des opérations de base, il n'est pas appelé « revenus » mais « autres revenus ». Des exemples sont les intérêts gagnés par un concessionnaire automobile lors du financement de l'achat de véhicules pour les clients, les revenus d'intérêts résultant de la trésorerie conservée dans des comptes d'épargne, des certificats de dépôts ou d'autres instruments, ou des revenus résultant de participations à d'autres entreprises appelées revenus d'« intérêts minoritaires » ou « revenus des sociétés affiliées non consolidées ».

13. EBITDA

L'EBITDA ou le **bénéfice avant intérêts, impôts et amortissements** (*BAIIA*) résulte des paramètres financiers décrits ci-dessus comme suit :

$$EBITDA = Revenus\ bruts - Coût\ des\ ventes\ - OPEX + Autres\ revenus \quad (5.18)$$

L'inclusion des autres revenus dans le calcul de l'EBITDA est sujet à débat. Certains auteurs recommandent de déclarer les autres revenus en amont du calcul de l'EBITDA (c'est-à-dire l'inclure dans l'EBITDA tel que décrit dans l'équation 5.18) et les autres en aval du calcul de l'EBITDA (c'est-à-dire ne pas les inclure dans l'EBITDA) ; les deux approches sont utilisées. Dans les cas où les autres revenus sont récurrents, il est judicieux de les déclarer en amont de l'EBITDA car ils constituent une source supplémentaire régulière de revenus bruts pour l'entreprise. Cette approche, qui présente également l'avantage de capturer tous les éléments avant intérêts, impôts et amortissements comme dit dans le terme EBITDA lui-même, est celle adoptée dans ce livre. Sinon, lorsque les autres revenus sont irréguliers, il est logique de ne pas les inclure dans l'EBITDA.

La marge d'EBITDA est le rapport au chiffre d'affaires annuel :

$$marge\ EBITDA = \frac{EBITDA}{Revenus\ bruts} \quad (5.19)$$

Exemple 5.8 : EBITDA

Question : Poursuivant avec les données de Happy Tractor Inc. et en supposant que l'entreprise tire régulièrement d'autres revenus de 250$ / an de certaines démonstrations de travail de tracteur à l'école d'agriculture locale, déterminez l'EBITDA.

Réponse : Le calcul de l'EBITDA et de la marge d'EBITDA est indiqué dans le tableau ci-dessous, qui reflète l'utilisation de l'équation. 5.18 et 5.19. EBITDA = 24 000 $ - 10 000 $ - 6 100 $ + 250 $ = 8 150 $. La marge d'EBITDA est ainsi de 8 150 $ / 24 000 $ = 34%.

Revenus	**24 000**
COGS	10 000
Bénéfice brut	**14 000**
Marge brute	58%
Charges d'exploitation	
SG&A	5 100
Publicité	250
Assurance	750
Dépenses d'exploitation totales	6 100
Autres revenus	250
EBITDA	**8 150**
marge EBITDA	34%

L'EBITDA est important car il mesure l'efficacité opérationnelle de l'entreprise, plus la marge d'EBITDA est grande, plus l'entreprise est efficace dans son processus de production. De nombreux analystes ou investisseurs potentiels dans une entreprise, par exemple dans un cas d'acquisition, examineront de près l'EBITDA car les dépenses qui seront inclus en aval, c'est-à-dire les intérêts, les impôts et les amortissements, peuvent être influencées par les pratiques de financement et de comptabilité et sont susceptibles de changer sous une autre propriété ou une équipe de gestion différente. L'EBITDA identifie le flux de trésorerie généré par l'entreprise à un point critique du cycle global de flux de trésorerie et représente la « puissance de sortie » si l'entreprise est comparée à un générateur. Les comptes des entreprises n'indiquent pas tous l'EBITDA et ce niveau de profit doit être recalculé à partir d'autres mesures comme nous le verrons plus loin.

14. AMORTISSEMENTS

Les **amortissements** représentent la perte de valeur d'un bien corporel ou incorporel (droit d'auteur, des brevets, une licence, des marques de commerce, un logiciel informatique, un *goodwill* ou un prêt) au fur et à mesure de son utilisation dans le cours normal de sa vie économique. Les actifs tels que les équipements se déprécient avec le temps en raison de leur utilisation, de leur vieillissement et de leur obsolescence, ce qui représente un coût pour l'entreprise. La plupart des actifs corporels tels que les bâtiments, les machines, les véhicules, le mobilier et l'équipement sont amortissables. Cependant, les terrains ne sont généralement pas amortissables, tout comme les œuvres d'art car leur valeur tend à augmenter dans le temps.

Les amortissements constituent une incitation à l'investissement pour la direction de l'entreprise, car si le coût était reflété immédiatement, le bénéfice de l'année d'achat serait très affecté, ce que la direction ne souhaite pas. Un autre avantage amortissements est que ce sont des dépenses déductibles d'impôt. Du point de vue de l'économie au sens large, la dépréciation est importante car sans investissement, la longévité des entreprises serait affectée.

Il est important de noter que l'argent utilisé pour acheter un actif n'est pas un coût car il est remplacé par l'actif acheté équivalent. Le coût est la dépréciation de l'actif sur sa durée de vie, c'est-à-dire sa perte de valeur par rapport à la valeur initiale à l'achat.

L'amortissement est un véritable coût d'exploitation qui résulte de l'utilisation et de la perte de valeur des actifs au fil du temps, mais ce n'est pas une dépense d'exploitation car il n'y a pas de transaction financière en soi. L'incidence du coût sur chaque période comptable est une estimation qui dépendra de la méthode d'amortissement utilisée. Les deux principales catégories d'approches pour l'amortissement sont :

- **Amortissement linéaire** - l'incidence du coût de l'amortissement est constante sur toutes les périodes de la vie économique de l'actif.
- **Amortissement accéléré** - l'incidence du coût de l'amortissement est plus élevée les premières années ; ces méthodes accélèrent l'amortissement.

Il est important de noter qu'aux fins du calcul des impôts, les autorités fiscales précisent à la fois la méthode et la durée d'amortissement pour chaque catégorie d'actif. Au cours de la durée de vie du projet, l'importance de la méthode d'amortissement n'est réellement pas cruciale. L'évaluation économique des projets peut être plus facilement calculée en utilisant la méthode linéaire et il convient de l'utiliser lors de l'évaluation initiale des projets.

14.1. Amortissement linéaire

La méthode d'amortissement linéaire est la plus couramment utilisée. Elle consiste à imputer à chaque période un coût d'amortissement constant, égal à la valeur initiale de l'actif diminuée de la valeur de récupération divisée par le nombre de périodes sur lesquelles l'actif est amorti. Le coût initial d'un bien est compris « livré et installé » ; la valeur résiduelle est la valeur de récupération estimée et la durée de vie utile est la période d'amortissement. Par conséquent, le coût de l'actif est passé en charges uniformément sur la durée de vie de l'actif :

$$Amortissement\ annuel = \frac{Coût\ d'achat - Vale\quad résiduelle}{Durée\ de\ vie\ utile} \qquad (5.20)$$

Exemple 5.9 : Plan d'amortissement

Question : En référant aux exemples précédents, supposons que Happy Tractor Inc. ait acheté son tracteur pour 50 000 $ et que cet actif sera amorti sur 8 ans selon la méthode linéaire et que la valeur résiduelle est de 0 $. Quel est le plan d'amortissement ?

Réponse : Utilisant l'eq. 5.20 la charge d'amortissement annuelle est de 50 000 $ / 8 = 6 250 $. Il s'agit de la perte de valeur du tracteur en tant qu'actif. Le plan d'amortissement est présenté ci-après.

Année	0	1	2	3	4	5	6	7	8
Investissement	50 000	-	-	-	-	-	-	-	-
Dépreciation	-	6 250	6 250	6 250	6 250	6 250	6 250	6 250	6 250
Dépreciation cumulée	-	6 250	12 500	18 750	25 000	31 250	37 500	43 750	50 000
Valeur comptable	50 000	43 750	37 500	31 250	25 000	18 750	12 500	6 250	-

14.2. Amortissement accéléré

Il existe deux raisons principales pour lesquelles une entreprise peut opter pour une méthode d'amortissement accéléré au lieu de la méthode linéaire. Premièrement, un amortissement plus élevé entraînera une baisse du bénéfice imposable (voir section 18), donc une baisse des impôts sur les sociétés, et donc plus de liquidités disponibles pour l'entreprise dans les premières années suivant l'achat. Ainsi, les dirigeants et comptables souhaitent souvent amortir rapidement pour bénéficier de la réduction d'impôt correspondante au plus tôt. Deuxièmement, l'amortissement est un coût historique, de sorte que sa valeur est érodée par l'inflation ; si l'actif est amorti plus rapidement, la perte de valeur due à l'inflation est moindre. Ce facteur d'érosion peut être corrigé par des tests périodiques de valeur marchande, tests qui sont cependant exigeants et pas toujours justifiés.

Les méthodes courantes pour accélérer l'amortissement sont :

- Méthode du solde dégressif (*declining balance* en anglais)
- Méthode proportionnelle à l'ordre numérique inversé des années (*Sum of the year's digits* en anglais)
- Système de recouvrement accéléré des coûts modifié (*Modified Accelerated Cost Recovery System* en anglais)

14.3. Catégories d'actifs

Les autorités de chaque pays déterminent les catégories d'actifs aux fins de l'amortissement, y compris la durée de vie utile et la méthode d'amortissement. Le tableau ci-dessous présente quelques valeurs indicatives pour la durée de vie utile ou économique de divers types d'actifs qui sont admissibles à l'amortissement. Ceci est variable par juridiction ; il existe des rapports spécialisés qui fournissent des détails spécifiques sur les catégories d'actifs et les normes d'amortissement applicables par pays.

Tableau 5.1 : Actifs éligibles à l'amortissement fiscal

Type d'actif	**Durée de vie utile indicative (années)**
Installations, machines et équipement (général)	5-10
Automobiles	5-8
Immeubles	20-50
Mobilier, accessoires ou agencements (général)	10
Matériel informatique	5
Logiciel	3
Avion	6-10
Matériel de bureau (y compris le mobilier et les accessoires de bureau)	10
Machines et équipements agricoles	5-8

Il y a des actifs qui ne sont pas éligibles à un amortissement fiscal qui incluent généralement des terrains (pas dans toutes les juridictions cependant) ou des actifs dont la valeur augmente avec le temps (œuvres d'art, antiquités).

14.4. Valeur comptable et valeur marchande

Valeur comptable. La valeur comptable de l'actif (ou la valeur comptable résiduelle) à la fin de toute période d'exploitation est le coût d'origine de l'actif moins l'amortissement cumulé à ce jour.

Pour une année donnée, nous avons :

$$Valeur\ comptable = Valeur\ comptable\ de\ l'année\ précédente - Charge\ pour\ amortissement\ annuel \quad (5.21)$$

En cas d'amortissement linéaire, en raison de la charge d'amortissement constante, la valeur comptable variera linéairement au cours des exercices comptables, du coût d'origine à la valeur résiduelle. Lorsque l'actif atteint la fin de sa vie économique, sa valeur comptable est la valeur résiduelle, qui peut être nulle d'un point de vue comptable.

Valeur marchande : La valeur comptable d'un actif n'est pas nécessairement égale à sa valeur marchande, qui est réalisée lors de sa vente. Si à la fin de sa vie économique la valeur marchande est supérieure à la valeur résiduelle, une **plus-value** est réalisée ; sinon, l'actif est dit *déprécié* et la différence est une **perte en capital** subie par l'entreprise. Tout au long de la vie d'un projet, la valeur comptable des actifs doit être constamment vérifiée et les ajustements nécessaires dans les livres de la société doivent être effectués pour refléter la valeur marchande. Si l'actif vaut plus que sa valeur comptable, il peut alors être réévalué, ce qui se reflète dans les capitaux propres sous la forme de « **réserves de réévaluation** » ou de « **réserves non distribuables** ». En cas de dépréciation, un compte est ouvert pour refléter la différence.

15. EBIT

L'EBIT (de l'anglais *Earnings before interest and tax*) ou **Bénéfice avant intérêts et impôts** *BAII* (également appelé bénéfice d'exploitation) résulte de la déduction des dotations pour d'amortissement de l'EBITDA :

$$EBIT = EBITDA - Amortissements \quad (5.22)$$

L'EBIT représente la première mesure de profit importante et résulte finalement de la déduction de tous les coûts d'exploitation (COGS et OPEX) de l'entreprise et charges d'amortissement des actifs de la somme constituée des revenus des ventes plus les autres revenus.

$$EBIT = Revenu\ brut - Coûts\ d'exploitation \quad (5.23)$$

Tous les actifs de l'entreprise contribuent à générer l'EBIT. L'importance de l'EBIT est qu'il représente les ressources générées par l'entreprise qui peuvent être utilisées pour faire face aux obligations de paiement d'intérêts aux prêteurs, les paiements d'impôts sur les sociétés au gouvernement, les paiements de dividendes aux actionnaires, les remboursements du principal du prêt et pour réinvestir dans l'entreprise à des fins de croissance. L'EBIT ou **résultat opérationnel** est normalement présenté dans les comptes de l'entreprise, contrairement à l'EBITDA qui n'apparaît pas toujours. Dans de tels cas, l'EBITDA doit être reconstitué à partir de l'EBIT :

$$EBITDA = EBIT + Amortissements \tag{5.24}$$

La marge EBIT est définie comme l'EBIT divisé par le chiffre d'affaires.

$$marge\ EBIT = \frac{EBIT}{Revenus\ bruts} \tag{5.25}$$

Exemple 5.10 : EBIT

Question : Sur la base des données de Happy Tractor Inc. selon les exemples précédents de ce chapitre, déterminez l'EBIT et la marge d'EBIT pour le premier trimestre.

Réponse : Appliquant les eq. 5.24 et 5.25 les résultats sont EBIT = 8 150 $ - 6 250$ / 4 = 6 588 $ et la marge EBIT est de 6 588 $ / 24 000 $ = 27%.

16. FRAIS D'INTÉRÊTS

Lorsque l'entreprise utilise des fonds empruntés, elle accumule des paiements d'intérêts dont elle est redevable, et ceux-ci constitueront les **frais d'intérêts**. Les frais d'intérêts sont déductibles du revenu de l'entreprise à des fins fiscales.

Il est à noter qu'une entreprise peut également gagner des intérêts au cas où, par exemple, elle détient des dépôts d'argent à la Banque sur un compte rémunéré. Les revenus d'intérêts doivent être enregistrés séparément des charges d'intérêts et sont imposables comme les revenus ordinaires.

Exemple 5.11 : Frais d'intérêts

Question : Happy Tractor Inc. a emprunté 50 000 $ pour acheter le tracteur. Le prêt est amorti sur 8 ans à un taux d'intérêt annuel de 7%. Quels seront les frais d'intérêts pour le premier trimestre ?

Réponse : En utilisant Eq. 4.18 pour l'amortissement des prêts, le paiement annuel combiné des intérêts et du capital s'établit chaque année à 8 373 $. Le calendrier d'amortissement du prêt est présenté ci-dessous :

Année	Ouverture (début)	Intérêts chargés	Montant dû (fin)	Paiement (fin)	Clôture (fin)
1	50 000	3 500	53 500	8 373	45 127
2	45 127	3 159	48 285	8 373	39 912
3	39 912	2 794	42 706	8 373	34 333
4	34 333	2 403	36 736	8 373	28 362
5	28 362	1 985	30 348	8 373	21 974
6	21 974	1 538	23 513	8 373	15 139
7	15 139	1 060	16 199	8 373	7 826
8	7 826	548	8 373	8 373	-

Les frais d'intérêts imputables au premier trimestre de la première année sont donc de 3 500 $ / 4 = 875 $.

17. EBT

Les bénéfices imposables ou avant impôts (EBT, de l'anglais *Earnings before tax*) résultent de la déduction des charges d'intérêts de l'EBIT.

$$Bénéfice\ imposable = EBIT - charges\ d'intérêts \qquad (5.26)$$

La marge EBT est définie comme l'EBT divisé par le chiffre d'affaires.

$$Marge\ des\ bénéfices\ imposables = \frac{Bénéfices\ imposables}{Revenus\ bruts} \qquad (5.27)$$

Exemple 5.12 : Gains avant impôts

Question : Quelles sont les marges de bénéfices imposables pour le premier trimestre de la première année pour Happy Tractor Inc. ?

Réponse : En utilisant la formule 5.26 avec des frais d'intérêts de 875 $, on constate que EBT = 5 713 $ et la marge EBT est de 5 713$ / 24 000$ = 24%.

18. IMPÔTS

L'impôt ici signifie l'impôt sur les sociétés et c'est l'argent que par la loi l'entreprise doit payer au gouvernement. Les impôts peuvent être compris comme la part du gouvernement dans toutes les activités économiques rentables entreprises sous sa juridiction. Les impôts sont un pourcentage du bénéfice avant impôt lorsque toutes les dépenses telles que les coûts directs et indirects, les amortissements et les frais d'intérêts sont déduits du revenu brut :

$$Impôts = Bénéfices\ imposables\ x\ T \qquad (5.28)$$

Où T est le taux d'imposition des sociétés. Étant donné que l'EBT est l'EBIT moins les frais d'amortissement moins les frais d'intérêts, l'impôt payé est :

$$Impôts = EBITDA * T - Amortissements * T - i * T \qquad (5.29)$$

La formule ci-dessus montre les économies d'impôt (le **bouclier fiscal**) générées par les frais d'amortissement et les frais d'intérêts tels qu'ils sont déduits des calculs fiscaux. Les économies sont respectivement *Amortissements*T* et *i*T*.

Tous les agents économiques, y compris les personnes et les entreprises, paient un impôt sur le revenu au gouvernement pour refléter la contribution de la société en général pour rendre possible la génération de revenus grâce aux biens publics tels que la sécurité publique, les infrastructures, l'éducation de la main-d'œuvre, le maintien stable de la macroéconomie, etc. Une façon de voir les choses est que le gouvernement est un partenaire dans toutes les entreprises et reçoit sa part des gains à travers l'impôt sur le revenu. Les impôts représentent ainsi des charges financières imposées par le gouvernement sur les opérations de l'entreprise. Le taux d'imposition dépendra de la réglementation du pays.

Exemple 5.13 : Calcul des impôts

Question : Quelle est la responsabilité fiscale de Happy Tractor Inc. pour son premier trimestre d'exploitation en supposant un taux d'imposition de 35% ?

Réponse : En appliquant le taux de 35% à l'EBT de 5 713 $, on obtient 1 999 $.

19. RÉSULTAT NET

Le **résultat net**, également appelé bénéfice après impôt (EAT pour « *earnings after tax* » en anglais), résulte de la déduction des impôts du bénéfice imposable.

$$Résultat\ net = Bénéfices\ imposables - Impôts = Bénéfices\ imposables * (1 - T) \quad (5.30)$$

De ce qui précède, nous voyons que le revenu net pour une période d'exploitation est donné par :

$$Résultat\ net = (Revenus\ bruts - COGS - OPEX + Autres\ revenus - Amortissements - i) * (1 - T) \quad (5.31)$$

Où COGS et OPEX sont respectivement les coûts des ventes et les charges d'exploitation de la période ; *i* les frais d'intérêts de la période ; *T* le taux d'imposition des sociétés.

Exemple 5.14: Résultat net

Question : Quel est le résultat net de Happy Tractor Inc. pour le premier trimestre de la première année ?

Réponse : En déduisant l'impôt du bénéfice avant impôt (EBT), on trouve le revenu net ou le bénéfice après impôt = 5 713$ - 1 999$ = 3 713$. Le tableau ci-dessous récapitule les étapes de détermination du résultat net.

Revenus	**24 000**
COGS	10 000
Bénéfice brut	**14 000**
Marge brute	58%
Charges d'exploitation	
SG&A	5 100
Publicité	250
Assurance	750
Dépenses d'exploitation totales	6 100
Autres revenus	250
EBITDA	**8 150**
marge EBITDA	34%
D&A	1 563
EBIT	6 588
marge EBITDA	27%
Dépenses nettes en intérêts	875
EBT	5 713
marge EBT	*24%*
Impôts @ 35%	1 999
Résultat net	**3 713**

REMARQUES :

(i) Comme mentionné dans la section 5.1, dans le processus d'évaluation d'un investissement, la décision d'investissement est séparée de la décision de financement. Cela signific quc dans un premier temps, l'analyse est effectuée en supposant qu'il n'y a pas de fonds empruntés (c'est-à-dire que l'analyse est effectuée sur la base d'une entité autonome), donc payant zéro frais d'intérêt. Ceci est fait pour évaluer les mérites du projet indépendamment de la solution de financement. Dans un deuxième temps, la modalité de financement est incluse et les charges d'intérêts correspondantes sont reflétées. Dans les cas où l'analyse financière est menée sur une base d'entité, l'EBT et l'EBIT sont identiques, et le résultat net est alors appelé **résultat opérationnel net après impôts** (NOPAT, de l'anglais *Net operating profit tax*) :

$$NOPAT = EBIT * (1 - T) \quad (5.32)$$

(ii) Lorsqu'il ne figure pas dans les comptes de l'entreprise, l'EBITDA peut être reconstitué à partir du résultat net (ou bénéfice après impôt EAT) comme suit :

$$EBITDA = EAT + Dépenses\ en\ intérêts + Impôts + Amortissements \quad (5.33)$$

20. ÉLÉMENTS NON RÉCURRENTS

Les **éléments non récurrents** (ENR) sont des gains ou des pertes générés par des événements ponctuels tels que la vente d'un actif, des frais pour litige, l'arrêt partiel ou charges pour licenciement de personnel. Avant 2015, les PCGR prévoyaient également des éléments extraordinaires tels que les dommages causés par des catastrophes naturelles, mais ceux-ci sont désormais inclus dans le concept d'éléments non récurrents. La valeur financière de ceux-ci affecte le revenu net et doit être incluse sur une base après impôt après le calcul du revenu net, c'est-à-dire avec l'impôt correspondant déjà déduit.

La cession d'actifs pendant la durée de vie d'un projet peut donner lieu soit à :

- Un **gain en capital** si l'actif est vendu pour un montant supérieur à son prix d'achat initial. L'impôt sur les gains en capital est réalisé si un élément du capital est vendu plus cher qu'il ne coûtait initialement. À noter que les actifs perdent de la valeur avec le temps, sauf pour le terrain dont la valeur augmente généralement.
- La **récupération d'amortissement** se produit lorsque l'actif est vendu pour un montant qui dépasse la valeur comptable au moment de la revente mais qui est inférieur au prix d'achat initial. Pour les actifs qui ont été amortis, le profit réalisé sur la vente au-dessus de sa valeur comptable n'est pas une plus-value. C'est un bénéfice comptable qui est traité comme un revenu ordinaire. C'est pour cette raison que la différence entre le prix de vente et la valeur comptable est appelée récupération d'amortissement. Tous les montants provenant de la récupération d'amortissement sont imposés au taux de l'impôt sur les sociétés ; ils sont traités comme des revenus ordinaires.

- Une **perte en capital** survient lorsque l'actif est vendu pour un montant inférieur à la valeur comptable.

Les éléments non récurrents sont donc :

$$\text{Éléments non récurrents} = \text{Gains en capital} - \text{Pertes en capital} + \text{Récupération d'amortissement} + \text{revenus extraordinaires} \quad (5.34)$$

où le gain en capital, la perte en capital, et la récupération d'amortissement et revenus extraordinaires apparaissent avec leur valeur après impôt. Un taux d'imposition spécifique peut s'appliquer pour les plus-values, qui peut être différent du taux d'imposition des revenus ordinaires ; mais en première approximation, le taux d'imposition effectif de l'entreprise peut être utilisé. Le taux d'imposition des plus-values varie d'un pays à l'autre.

21. FLUX DE TRÉSORERIE TERMINAL

Au cours de la dernière année de la vie économique d'un projet, un autre flux de trésorerie s'ajoute aux flux de trésorerie d'exploitation annuels normaux. C'est ce qu'on appelle le **flux de trésorerie terminal**. En règle générale, il comporte deux volets : le recouvrement du fonds de roulement et le recouvrement de la valeur de récupération des actifs après impôt.

Récupération du fonds de roulement. Normalement, la valeur totale du fonds de roulement est récupérée progressivement vers la fin du projet, comme expliqué à la section 8. Il s'agit d'une rentrée de fonds qui n'a aucune incidence fiscale.

La valeur résiduelle. À la fin du projet, certains actifs peuvent encore avoir une valeur qui doit être créditée au projet et donc compter négativement sur la ligne d'investissement. C'est le montant net d'impôt de la valeur résiduelle qui doit être pris en compte.

Le format typique de calcul du flux de trésorerie terminal est :

$$\text{Flux de trésorerie terminal} = \text{Valeur de récupération après impôt des actifs} + \text{récupération du fonds de roulement} \quad (5.35)$$

Ceci est illustré ci-dessous :

Figure 5.1 : Calculs de la valeur terminale

Produit de la vente d'actifs
- Taxes sur la vente d'actifs
= Valeur de récupération après impôt
+ Récupération du fonds de roulement
= Flux de trésorerie terminal

À noter que dans certains projets tels que l'exploitation minière il peut y avoir des flux terminaux supplémentaires causés par des dépenses de démantèlement ou de remise en état du site qui correspondent en réalité à un investissement en fin de projet.

22. FLUX DE TRÉSORERIE D'EXPLOITATION

Le **flux de trésorerie d'exploitation** est déterminé comme suit :

$$Flux\ de\ trésorerie\ d'exploitation = Résultat\ net + ENR + Amortissements + flux\ de\ trésorerie\ terminal \quad (5.36)$$

Il est à noter que le flux de trésorerie terminal ne s'applique qu'à la fin de la vie du projet, tandis que le résultat net, les éléments non récurrents et les amortissements s'appliquent à n'importe quelle période de la vie économique du projet.

23. FLUX DE TRÉSORERIE DISPONIBLE

Le **flux de trésorerie disponible** du projet est obtenu en déduisant l'investissement initial du flux de trésorerie d'exploitation.

$$Flux\ de\ trésorerie\ disponible = flux\ de\ trésorerie\ d'exploitation - Investissement\ initial \quad (5.37)$$

Le flux de trésorerie disponible reflète les liquidités générées par le projet tout au long de sa vie et qui peuvent être utilisées librement par les promoteurs de projet. Le processus menant à la détermination du flux de trésorerie disponible est résumé à la figure 5.2.

Figure 5.2 : Calcul du flux de trésorerie disponible

Bénéfice net (EAT)
+ Éléments non récurrents
+ Dotations aux amortissements
+ Flux de trésorerie terminal
= Flux de trésorerie provenant de l'exploitation
- Investissement initial
= Flux de trésorerie disponible

L'ensemble du processus est illustré à la figure 5.3, qui montre comment tous les composants interagissent et le processus général de détermination des finances du projet.

Figure 5.3 : Détermination du flux de trésorerie disponible

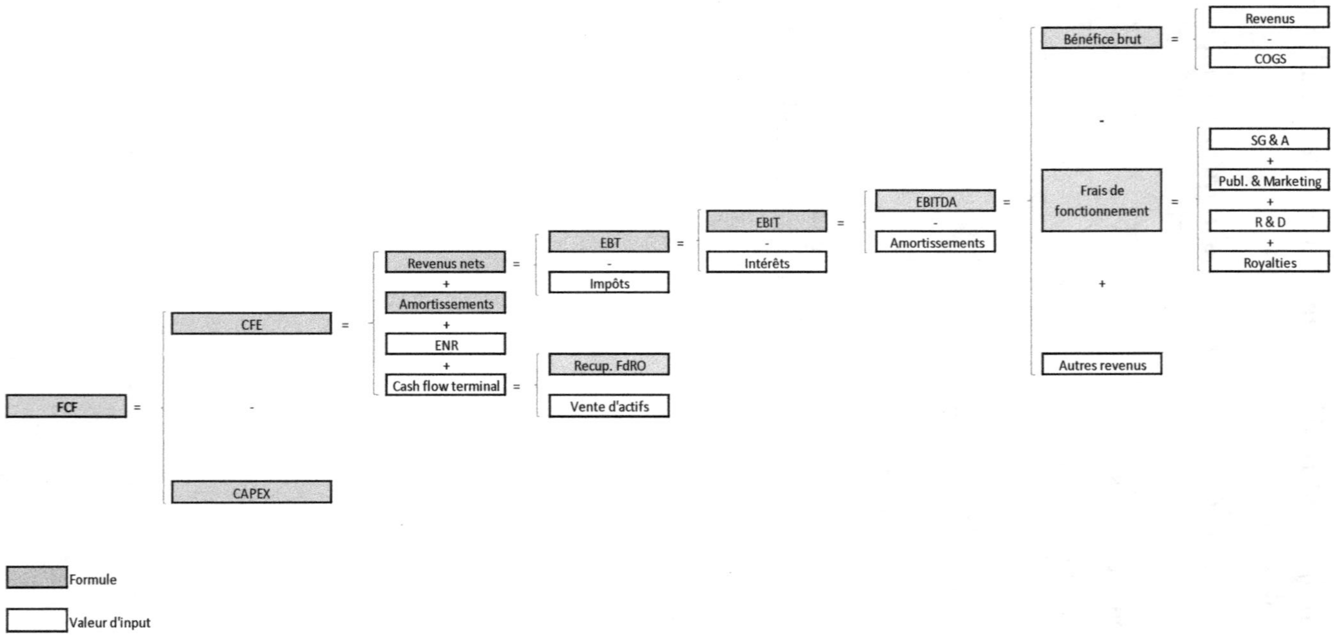

23.1. Flux de trésorerie disponible sur la base de l'entité autonome

Lorsqu'on envisage un investissement, le flux de trésorerie disponible est normalement d'abord déterminé sur la base de l'entité autonome, c'est-à-dire sans financement par emprunt, et les critères d'évaluation du projet présentés au chapitre six (tels que la période de récupération, la VAN ou le TRI) sont calculés afin d'évaluer *ex -ante* la rentabilité de l'investissement. Ceci est fait pour séparer la décision d'investissement de la décision de financement. L'exemple ci-dessous montre la détermination du flux de trésorerie disponible pour les Locations Happy Tractor inc. sur la base d'une entité autonome.

Exemple 5.15 : Calcul du flux de trésorerie disponible sur la base d'une entité autonome

Question : Avant de rencontrer la banque pour un prêt pour acheter le tracteur, John veut évaluer la rentabilité de l'entreprise sur la base de l'entité autonome. Quel est le flux de trésorerie disponible de Happy Tractor Inc. sur la base d'une entité autonome ?

Réponse : À la première étape - nous calculons le flux de trésorerie provenant de l'exploitation pour chacun des trimestres en utilisant le même processus que celui décrit ci-dessus dans ce chapitre, mais avec un paiement d'intérêts nul. Le flux de trésorerie d'exploitation est obtenu en rajoutant la dépréciation et l'amortissement au résultat net, car il s'agit d'une dépense hors caisse. Le processus est illustré ci-dessous :

Revenus	**24 000**
COGS	10 000
Bénéfice brut	**14 000**
Marge brute	58%
Charges d'exploitation	
SG&A	5 100
Publicité	250
Assurance	750
Dépenses d'exploitation totales	6 100
Autres revenus	250
EBITDA	**8 150**
marge EBITDA	34%
D&A	1 563
EBIT	6 588
marge EBITDA	27%
Dépenses nettes en intérêts	-
EBT	6 588
marge EBT	*27%*
Impôts @ 35%	2 306
Résultat net	**4 282**
Cash flow d'exploitation	5 844

Le flux de trésorerie d'exploitation est estimé à 5 844 $ pour chaque trimestre. Ce sera le même pour tous les trimestres de chaque année au cours des huit années du projet Happy Tractor Inc.

Dans la deuxième étape - nous déterminons le profil flux de trésorerie disponible en considérant également l'investissement initial. Ceci est illustré ci-dessous.

Année	Investissment initial	CFE	FCF
0	50 000		-50 000
1		23 378	23 378
2		23 378	23 378
3		23 378	23 378
4		23 378	23 378
5		23 378	23 378
6		23 378	23 378
7		23 378	23 378
8		23 378	23 378

La dernière colonne du tableau ci-dessus est ce qui est utilisé pour la détermination des critères d'évaluation du projet discutés au chapitre 6. L'utilisation des critères d'évaluation alors qu'elle n'est pas sur le flux de trésorerie disponible du projet entraînera une distorsion de l'appréciation financière du projet.

23.2. Flux de trésorerie disponible sur base non-entité

Une fois que le projet est jugé pertinent pour investir du point de vue de l'entité autonome et que la décision est prise, les modalités de financement peuvent être évaluées à l'aide du flux de trésorerie disponible calculé sur une base non-entité, c'est-à-dire avec un financement par emprunt.

L'exemple ci-dessous montre la détermination du flux de trésorerie disponible pour les Locations Happy Tractor inc. sur une base non-entité. Le processus est le même que dans l'exemple 5.15, sauf pour les frais d'intérêts.

Exemple 5.16 : Calcul du flux de trésorerie disponible sur une base non-entité

Première étape : nous déterminons le flux de trésorerie provenant des opérations

Revenus	**24 000**
COGS	10 000
Bénéfice brut	**14 000**
Marge brute	58%
Charges d'exploitation	
SG&A	5 100
Publicité	250
Assurance	750
Dépenses d'exploitation totales	6 100
Autres revenus	250
EBITDA	**8 150**
marge EBITDA	34%
D&A	1 563
EBIT	6 588
marge EBITDA	27%
Dépenses nettes en intérêts	875
EBT	5 713
marge EBT	*24%*
Impôts @ 35%	1 999
Résultat net	**3 713**
Cash flow d'exploitation	5 276

Deuxième étape : nous déterminons le flux de trésorerie disponible

Année	**Investis-sement initial**	**CFE**	**FCF**
0	50 000		-50 000
1		21 103	21 103
2		21 103	21 103
3		21 103	21 103
4		21 103	21 103
5		21 103	21 103
6		21 103	21 103
7		21 103	21 103
8		21 103	21 103

24. CYCLE ÉCONOMIQUE

Le fonctionnement d'une entreprise peut être envisagé comme un cycle où l'argent initialement apporté par les promoteurs du projet est mis à contribution pour générer des ventes par le biais d'investissement dans des actifs productifs. Les ventes, une fois soustraites toutes les dépenses requises, conduisent à des flux de trésorerie qui sont en partie réinjectés dans l'entreprise et en partie distribués aux promoteurs du projet sous forme de dividendes ou de capital retenu. Plus précisément on a le processus suivant :

ÉTAPE	ACTION
1	Le capital est fourni à la source de capital
2	L'investissement est réalisé en immobilisations Le financement du fonds de roulement opérationnel est réalisé
3	Les activités d'exploitation ont lieu pour générer des ventes, avec des coûts d'exploitation
4	Les intérêts sur les prêts sont payés
5	L'impôt sur le revenu est payé
6	Le flux de trésorerie disponible est généré
7	Le flux de trésorerie disponible retourne à la source de capital ➔ Les dividendes des actionnaires sont payés ➔ La portion échue du principal de la dette est remboursée ➔ D'autres investissements sont réalisés pour assurer la croissance
8	Les dividendes non distribués retournent à la source de capital et augmentent ou diminuent les fonds propres

Cette boucle de rétroaction est illustrée à la figure 5.4.

Figure 5.4: Le processus d'affaire en tant que boucle de rétroaction

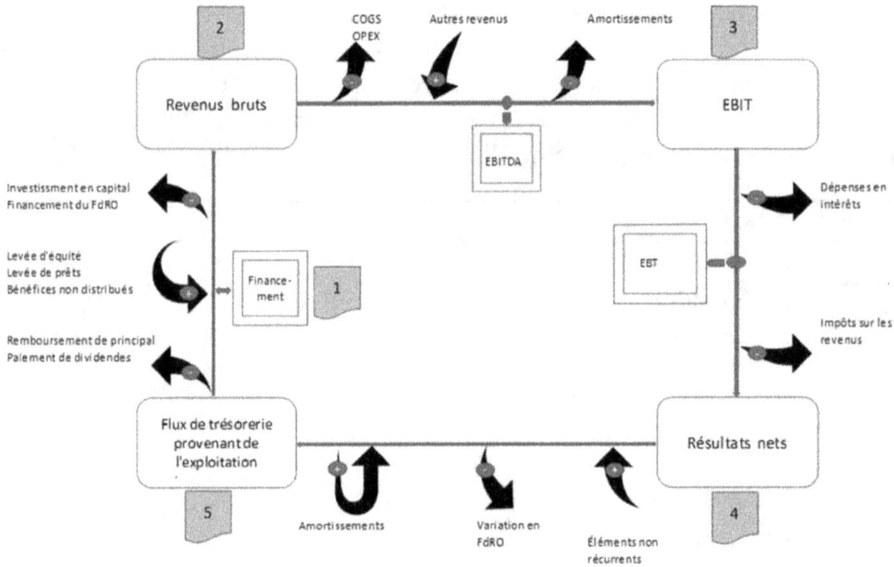

CHAPITRE VI

CRITÈRES D'ÉVALUATION DES DÉCISIONS D'INVESTISSEMENT

Les critères d'évaluation ou ratios d'investissement visent à quantifier la performance de l'entreprise *ex-ante*, c'est-à-dire avant la réalisation de l'investissement. Ils sont calculés sur la base du flux de trésorerie disponible projeté du projet.

Les ratios d'investissement saisissent le fait que les mérites d'un projet découlent :

- Des rendements financiers attendus
- Du moment auquel se matérialisent ces rendements
- Du risque associé à ces rendements

Les rendements, leur occurrence dans le temps et les risques qui leur sont associés constituent les pierres angulaires de l'évaluation financière d'un projet d'investissement. Les rendements désignent la richesse financière générée par le projet. Le projet créera de la valeur si les rendements sont supérieurs aux coûts d'investissement et de fonctionnement. Le meilleur investissement est celui dont les rendements sont supérieurs au coût d'opportunité qui y est attaché. Le risque est la probabilité ou la chance que les rendements ne se matérialisent pas.

1. LES QUATRE GRANDES CATÉGORIES D'INTRANTS

Les quatre entrées nécessaires pour analyser un investissement sont :

- **Le coût de l'investissement** : L'investissement initial comprend les dépenses en capital (CAPEX) sur les actifs productifs à long terme et le financement du fonds de roulement. L'analyste ne devrait pas inclure de coût qui existerait sans le projet. Si le projet est entrepris au sein d'une entreprise existante, seuls les coûts différentiels résultant de la réalisation du projet doivent être inclus.

- **Les rendements du projet** c'est-à-dire le flux de trésorerie disponible. Si le projet est mené au sein d'une entreprise existante, il ne faut tenir compte que des chiffres incrémentiels entre les scénarios « avec » et « sans » le projet ;

- **La durée de vie du projet**, c'est-à-dire le nombre d'années pendant lequel le projet fonctionnera valablement, ce qui est déterminé par la durée de vie physique, technologique ou économique du projet. Pour un projet à très longue durée, par ex. un hôtel, l'approche générale est de prévoir un maximum de 6 à 8 ans d'exploitation et d'assumer une valeur terminale à la fin de cette période pour être traitée comme une entrée de trésorerie réalisée par la vente des actifs.

- **Le taux d'actualisation** : Le taux d'actualisation ou taux de rentabilité annualisé minimum requis est défini par les promoteurs du projet ou est fixé par les décideurs au sein d'une entreprise existante. Il est également appelé « taux critique », ce qui signifie que si le projet génère un rendement inférieur à celui-ci, il ne sera pas retenu pour financement.

La valeur d'un projet dépend du montant, du profil temporel et du risque des flux de trésorerie disponible générés. Le flux de trésorerie disponible cumulé représente la position de trésorerie totale du projet à un moment donné. Le flux de trésorerie disponible est en fait le retour financier net annuel du projet.

2. GROUPES DE CRITÈRES

Généralement, plus d'un ratio ou critère d'investissement est utilisé pour guider la prise de décision. Les ratios d'investissement doivent être considérés comme des outils permettant à l'analyste de mieux comprendre le fonctionnement du projet et non comme des outils de sanction.

Il existe deux familles de ratios d'investissement :

- **Critères statiques** : ce sont des ratios d'investissement qui ne prennent pas en compte la valeur temporelle de l'argent :
- **Critères dynamiques** : ce sont des ratios d'investissement qui prennent en compte la valeur temporelle de l'argent.

Les critères dynamiques sont dérivés des techniques d'actualisation des flux de trésorerie présentées au chapitre 4. Le tableau 6.1 résume les critères d'évaluation.

Tableau 6.1 : Critères d'évaluation de projet couramment utilisés

Critères statiques
➢ Période de récupération
➢ Taux de rendement comptable
➢ Retour sur investissement
Critères dynamiques
➢ Période de récupération dynamique
➢ Charge annuelle équivalente
➢ Valeur actuelle nette (VAN)
➢ Indice de rentabilité ou rapport coût / bénéfice
➢ Taux de rentabilité interne (TRI)
➢ Rapport avantages-coûts
➢ Taux de rendement interne modifié

3. CRITÈRES STATIQUES

3.1. Période de récupération

La **période de récupération** (*payback period* en anglais) d'un projet est le temps qu'il faut au projet pour générer le montant d'argent qui a été investi en lui. Pour un projet avec un profil conventionnel, cela signifie que le flux de trésorerie disponible cumulé atteint zéro au moment de la période de récupération. C'est à ce moment que l'investisseur rompt alors avec les pertes et finit de récupérer l'argent investi.

La période de récupération est le plus ancien des critères de décision et elle mesure la liquidité du projet. Cela transmet également une perception du risque associé au projet car le plus tôt l'investisseur récupère son argent, plus tôt son exposition est réduite, et il peut investir dans d'autres opportunités.

Les avantages de la méthode de la période de récupération sont sa simplicité de calcul et le fait qu'elle est intuitivement facile à comprendre. Ses limites sont qu'elle ne fournit pas de point de décision, ne prend pas en compte la valeur temporelle de l'argent et les flux de trésorerie se produisant après la période de récupération sont ignorés.

Exemple 6.1 : Période de récupération

Question : Une entreprise hypothétique effectue un investissement initial en immobilisations de 25 000 $ pour un projet de cinq ans. Le flux de trésorerie d'exploitation est de 13 000 $; 10,500 $; 7 000 $; 4 000 $ et 3 000 $ respectivement au cours des cinq prochaines années. Quelle est la période de récupération ?

Réponse : La période de récupération est donnée par le moment où le flux de trésorerie disponible cumulé est nul. Le tableau ci-dessous montre les calculs et les résultats sont illustrés graphiquement.

Année	Invest. initial	CFE	FCF	FCF cumulé
0	25 000		-25 000	-25 000
1	-	13 000	13 000	-12 000
2	-	10 500	10 500	-1 500
3	-	7 000	7 000	5 500
4	-	4 000	4 000	9 500
5	-	3 000	3 000	12 500

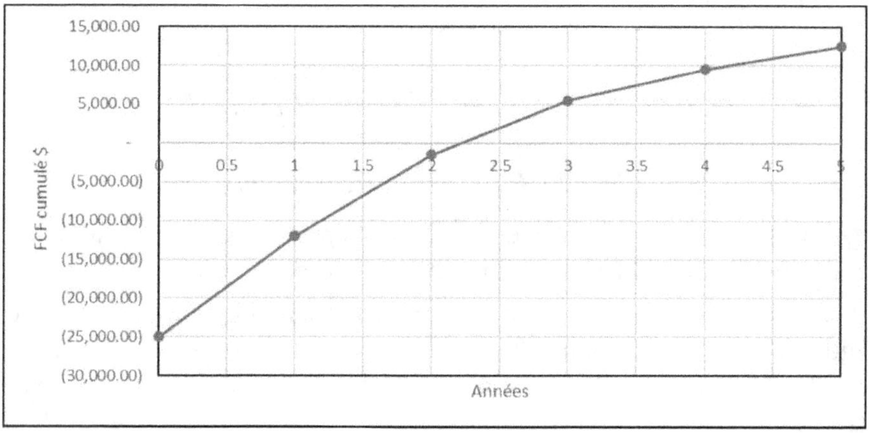

On voit que le flux de trésorerie disponible cumulé atteint zéro entre 2 et 3 ans. En utilisant l'interpolation linéaire (ou la fonction « Intercept » dans Excel), on constate que la période de récupération = 2,21 ans.

La méthode de la période de récupération est la méthode la plus populaire pour évaluer les investissements. Elle répond à la question de savoir à quelle vitesse l'investissement sera récupéré, ou en d'autres termes, combien de temps il faudra pour récupérer l'argent dépensé dans le projet. Important à noter, la période de récupération est calculée en termes réels i.e. sans inclure l'inflation.

La méthode de la période de récupération ne fournit pas de point de décision précis quant à savoir si le projet doit être accepté ou non. Il s'agit essentiellement d'une mesure du risque et non du rendement, car les revenus générés par le projet après la récupération de l'investissement ne sont pas pris en compte dans l'évaluation. Le raisonnement est que plus la période de récupération est courte, plus la liquidité du projet est élevée et moins il est risqué. L'investisseur qui évite le risque aura tendance à choisir des projets avec une période de récupération courte. La période de récupération est très pertinente dans les environnements d'investissement risqués.

3.2. Taux de rendement comptable

Le **taux de rendement comptable** est le rapport entre le profit annuel généré par le projet et le montant de l'investissement initial ; il et est généralement exprimé en pourcentage :

$$Taux\ de\ rendement\ comptable = \frac{Profit\ annuel}{Investissment\ initial} \tag{6.1}$$

Exemple 6.2 : Taux de rendement comptable

Question : En continuant avec les données présentées dans l'exemple 6.1, quel est le taux de rendement comptable du projet ?

Réponse : Pour chaque année, le taux de rendement comptable est obtenu à l'aide de l'éq. 6.1. Le taux de rendement comptable global pour toute la durée du projet est la valeur cumulative. Ceci est illustré dans le tableau ci-dessous.

Année	Invest. Initial	CFE	Taux de rendement compt.
0	25 000		
1	-	13 000	52%
2	-	10 500	42%
3	-	7 000	28%
4	-	4 000	16%
5	-	3 000	12%
Total		37 500	150%

3.3. Retour sur investissement

Le **retour sur investissement** (ROI, pour *Return on Investment* en anglais) est le rapport entre le profit total généré par un projet en excédent de la valeur de l'investissement d'origine et le coût de l'investissement d'origine :

$$ROI = \frac{Profit\ total - Investissement\ initial}{Investissement\ initial} \quad (6.2)$$

Le ROI est une mesure de la rentabilité et de l'efficacité d'un investissement. Les avantages de la méthode du retour sur investissement sont la simplicité du calcul et le fait qu'il s'agit d'une mesure relative, c'est-à-dire indépendante de la taille de l'investissement. Les limites sont qu'il ne fournit pas de point de décision, ne prend pas en compte la valeur temporelle de l'argent et il est sensible aux pratiques comptables quant à ce qui est classé comme dépense ou investissement et à la méthode d'amortissement utilisée.

Exemple 6.3 : Retour sur investissement

Question : En continuant avec les données des exemples précédents, quel est le retour sur investissement ?

Réponse : Utilisant l'eq. 6.2 on constate que le ROI = (37,500-25,000) / 37,500 = 50%.

4 CRITÈRES DYNAMIQUES

4.1. Taux d'actualisation

Les critères dynamiques sont également appelés **méthodes d'actualisation** des flux de trésorerie. Contrairement aux **méthodes statiques** décrites ci-dessus, les méthodes d'actualisation des flux de trésorerie prennent en compte la valeur temporelle de l'argent, en reconnaissant qu'une somme d'argent reçue dans le futur vaut moins que la même somme reçue au présent. Cela est dû à la possibilité de mettre de l'argent à travailler et de réaliser des bénéfices entre-temps, à l'inflation et l'érosion du pouvoir d'achat de l'argent avec le temps et au risque lié à la matérialisation effective des revenus futurs.

Par conséquent, dans l'approche d'actualisation des flux de trésorerie, les montants futurs sont actualisés pour calculer leur valeur équivalente à l'heure actuelle ; cela se fait en utilisant un **taux d'actualisation**, qui est le « taux d'intérêt annualisé » minimum auquel l'investisseur veut que son argent soit rémunéré par l'entreprise en fonction du coût d'opportunité présenté par l'entreprise pour lui et de sa perception du degré de risque de l'entreprise. Pour cette raison, les termes **taux critique** et **coût du capital** sont également utilisés comme termes alternatifs.

Le taux d'actualisation est un facteur clé des méthodes d'actualisation des flux de trésorerie et sera discuté en détail ci-après avant d'examiner les critères dynamiques en soi.

4.1.1. Actualisation des flux de trésorerie futurs

Si k est le taux d'actualisation, de la même manière que pour les calculs des intérêts présentés précédemment les relations suivantes tiennent :

Valeur actuelle d'une valeur future qui sera obtenue après n périodes dans le futur :

$$Valeur\ actuelle = Valeur\ future * \frac{1}{(1+k)^n} \qquad (6.3)$$

Où k est le taux d'actualisation et $0 < k < 1$. Comme on peut le voir ci-dessus, la valeur future est actualisée pour obtenir la valeur présente parce que le facteur multiplicateur $1 / (1 + k)^n$ est inférieur à un.

Valeur actuelle d'un flux de trésorerie $CF_1, \ldots, CF_n$ sur n périodes dans le futur :

$$Valeur\ actuelle = \sum_{t=1}^{n} \frac{CF_t}{(1+k)^t} \qquad (6.4)$$

La valeur actuelle du flux de trésorerie est la somme de la valeur actualisée de chacun des flux de trésorerie. Le terme $1 / (1 + k)^t$ est appelé **facteur d'actualisation**.

Exemple 6.4 : Valeur actuelle d'une séquence de flux de trésorerie

Question : Le flux de trésorerie projeté provenant de l'exploitation d'un projet est de 13 000 $; 10,500 $; 7 000 $; 4 000 $ et 3 000 $ au cours des cinq prochaines années respectivement. Quelle est la valeur actuelle de ce flux de trésorerie si le taux d'actualisation est de 15% ?

Réponse : La valeur actuelle est obtenue en actualisant chaque flux de trésorerie individuel en utilisant l'équation. 6.3 et en calculant le total comme illustré dans le tableau ci-dessous. On constate que la valeur actuelle est de 27 625 $.

Année	**CFE**	**Facteur d'actualisation**	**Valeur présente du CFE**
1	13 000	0.870	11 304
2	10 500	0.756	7 940
3	7 000	0.658	4 603
4	4 000	0.572	2 287
5	3 000	0.497	1 492
Valeur présente			27 625

4.1.2. Taux d'actualisation nominal et réel

Lorsque l'inflation est significative, le **taux nominal d'actualisation** peut avoir une valeur tout à fait différente du **taux réel d'actualisation** qui correspond au taux d'actualisation sans effet de l'inflation. La relation entre le taux d'actualisation nominal et réel est la suivante :

$$k = r + h + rh \qquad (6.5)$$

Où k est le taux nominal d'actualisation, h représente le taux d'inflation et r est le taux réel d'actualisation. Le terme rh est négligeable car il est le produit de deux nombres décimaux, ce qui donne l'approximation $k \approx r + h$, ce qui signifie que le taux nominal d'actualisation est approximativement la somme du taux réel d'actualisation et du taux d'inflation.

La pratique recommandée pour projeter les flux de trésorerie est de procéder en termes réels, c'est-à-dire sans incorporer une prévision d'inflation. Par conséquent, le taux réel d'actualisation est principalement utilisé ou autrement dit l'inflation est ignorée (h=0).

4.1.3. Coût moyen pondéré du capital

Le choix du taux d'actualisation reflète les objectifs stratégiques de l'investisseur. Dans une configuration d'entreprise existante, le taux d'actualisation est décidé par le département financier et prescrit aux départements projets.

Étant donné que les fonds pour créer une entreprise proviennent de deux types de sources, la dette ou les capitaux propres des promoteurs, il est judicieux de définir le coût du capital utilisé à partir de :

- Le **coût de la dette**, qui est le taux d'intérêt, c'est-à-dire le rendement demandé par les créanciers ou le coût de location de l'argent
- Le **coût des capitaux propres**, qui est le rendement attendu par les investisseurs pour le risque

Le coût moyen pondéré du capital (CMPC) est calculé en utilisant le coût de la dette et le coût des fonds propres au prorata de la part respective de la dette et des fonds propres dans le capital :

$$Coût\ moyen\ pondéré\ du\ capital = \frac{E}{E+D} R_E + \frac{D}{E+D} R_D \qquad (6.6)$$

Où E = montant des capitaux propres (de *Equity* en anglais) ;

D = montant de la dette ;

R_E = coût des capitaux propres ;

R_D = coût de la dette après impôt.

Le CMPC est un taux d'usage fréquent et approprié pour actualiser les flux de trésorerie futurs et, comme mentionné ci-dessus, il est calculé sur les conditions après impôts, c'est-à-dire que le coût de la dette est le coût des intérêts après impôts. Le coût de la dette après impôts est le taux d'intérêt ajusté net d'impôt puisque les frais d'intérêt représentent une dépense déductible (comme indiqué à la section 16 du chapitre 5).

$$R_D = R_{DBT}(1 - T) \quad (6.7)$$

Où R_{DBT} = Coût (taux d'intérêt) de la dette et T = taux d'imposition.

Le coût des capitaux propres peut être déterminé directement par les investisseurs ou calculé au moyen de formules telles que le modèle d'évaluation des dépenses en capital (*capital assets pricing model*) dans le cas des sociétés cotées en bourse.

Le coût moyen pondéré du capital est utilisé dans l'évaluation financière des projets afin de justifier la viabilité financière des projets qui génèrent un rendement supérieur au coût du capital utilisé.

Exemple 6.5 : Calcul du coût moyen pondéré du capital

Question : Considérons un investissement qui a un ratio de 30% de prêt et 70% de fonds propres. Le coût de la dette est de 10% et le coût des fonds propres est de 15%. Le taux d'imposition est de 25%. Déterminez le coût moyen pondéré du capital.

Réponse : Calculer d'abord le coût après impôt de la dette à l'aide de l'eq. 6.7 qui est 10% * (1-25%) = 7,5%. Déterminer ensuite le coût moyen pondéré du capital à l'aide de l'eq. 6.6. Ceci est illustré dans le tableau ci-dessous.

Type de capital	Proportion	Coût après-impôts	Coût pondéré
Prêts	30%	7.5%	2.3%
Équité	70%	15.0%	10.5%
CMPC			12.8%

4.1.4. Taux d'actualisation ajusté en fonction du risque

Lorsque l'entreprise décide d'ajouter une prime de risque de projet au taux d'actualisation qu'elle utilise pour des projets de niveau de risque normal, un **taux d'actualisation ajusté en fonction du risque** est obtenu.

$$Taux\ d'actualisation\ ajusté = Taux\ d'actualisation\ standard + prime\ de\ risque \quad (6.8)$$

L'utilisation d'un taux d'actualisation ajusté en fonction du risque peut se justifier s'il existe des facteurs de risque spécifiques au pays du projet ou au projet spécifiquement pour lesquels les investisseurs recherchent une rémunération supplémentaire.

4.1.5. Coût d'opportunité du capital

Une autre approche pour déterminer le taux d'actualisation consiste à utiliser le **Coût d'opportunité** du capital, également appelé **coût économique** du capital. Le coût d'opportunité du capital est le retour du projet alternatif le plus rentable qui n'est pas exécuté ; ou en d'autres termes le bénéfice qui aurait été généré par l'opportunité alternative à laquelle on renonce. Il y a toujours l'alternative d'investir l'argent en banque ou dans des obligations émises par l'État, qui sont généralement considérées sans risque à toute fin utile ; dans de tels cas, le taux de rémunération de l'épargne ou la valeur des coupons peut servir de coût d'opportunité du capital.

L'utilisation de l'approche du coût d'opportunité du capital est particulièrement pertinente dans des conditions de rationnement où des capitaux rares ne doivent être investis que sur les projets les plus rentables.

Les résultats des techniques d'actualisation des flux de trésorerie présentés ci-après sont sensibles au taux d'actualisation retenu. Par conséquent, un soin et une justification appropriés doivent être exercés dans le choix du taux d'actualisation.

4.2. Valeur actuelle nette

La logique de l'approche de la **valeur actuelle nette** (VAN) est que pour qu'un projet ait de la valeur, le rendement qu'il génère doit dépasser les coûts de l'investissement. La valeur financière créée par le projet est la différence entre le flux de trésorerie généré par le projet et le flux de trésorerie consommé par le projet.

Cependant, le moment d'occurrence des flux de trésorerie affecte leur valeur et un instant de référence commun doit être utilisé pour comparer les divers flux de trésorerie qui se produisent dans le temps. L'instant de référence le plus logique pour leur comparaison est le moment présent où l'investissement est réalisé.

Comme vu antérieurement, en utilisant un taux d'actualisation, on peut trouver la valeur actuelle ou l'équivalent financier à la période 0 (aujourd'hui) d'une séquence de flux de trésorerie futurs. Lorsque l'investissement initial est soustrait de la valeur actuelle du flux de trésorerie, la valeur actuelle nette (VAN) ou la valeur du projet d'investissement est ainsi déterminée.

En d'autres termes, la valeur actuelle est le montant d'argent aujourd'hui qui correspond exactement à un flux futur de revenus à un taux d'intérêt défini qui est le taux d'actualisation. La VAN est la valeur financière créée par le projet en excès de l'investissement initial et en dollars d'aujourd'hui. Si la VAN du projet est supérieure à zéro, cela signifie que le projet génère un taux d'intérêt annualisé (équivalent annuel) supérieur au taux d'actualisation ou au taux critique, satisfaisant ainsi le rendement minimal spécifié par l'investisseur. Il convient de noter que la détermination de la valeur présente est entreprise au taux d'actualisation spécifié par l'investisseur ; ce n'est pas le taux d'intérêt commercial pratiqué sur le marché financier dans lequel le projet fonctionnera.

Prenons le cas d'un **profil standard** où un investissement initial CAPEX (dépenses en capital) est réalisé à l'année zéro du projet et un flux de trésorerie positif est généré dans le temps de l'année 1 à l'année n, qui est la vie économique du projet, comme illustré dans l'exemple 6.6.

Exemple 6.6 : Profil de flux de trésorerie standard

Question : Dessinez le profil de trésorerie pour l'investissement hypothétique qui fait un investissement initial en immobilisations de 25 000 $ pour un projet de cinq ans et dont le flux net de trésorerie d'exploitation est de 13 000 $; 10,500 $; 7 000 $; 4 000 $ et 3 000 $.

Réponse : Le profil des flux de trésorerie est illustré dans la figure ci-dessous.

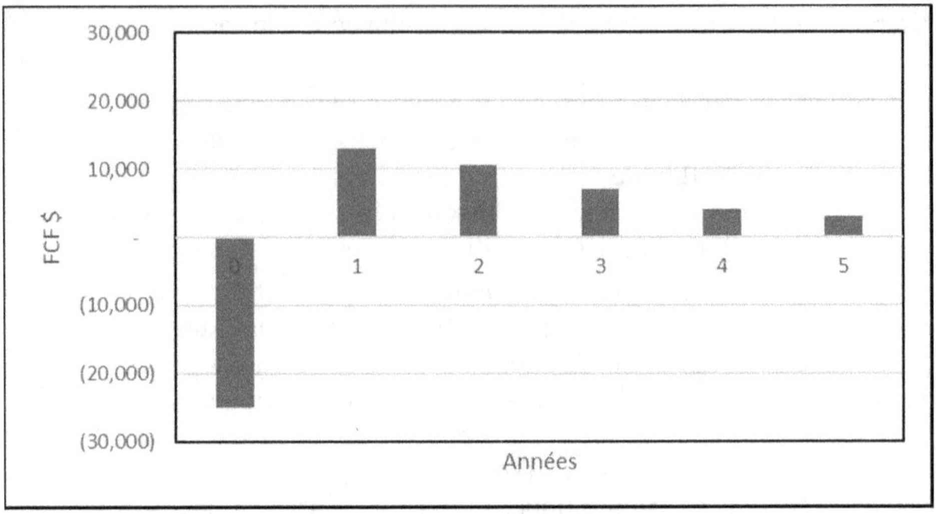

Pour un profil de flux de trésorerie standard, la formule de la VAN est :

$$VAN = -CAPEX + Valeur\ actuelle\ du\ flux\ de\ trésorerie \quad (6.9)$$

Où la valeur actuelle de la séquence de flux de trésorerie généré par le projet est telle que défini à la section 4.1.1 En d'autres termes :

$$VAN = -CAPEX + \frac{CF_1}{1+k} + \frac{CF_2}{(1+k)^2} + \cdots + \frac{CF_n}{(1+k)^n} \quad (6.10)$$

Où CAPEX est l'investissement réalisé à la fin de l'année zéro (temps présent) ; $CF_1, \ldots, CF_n$ sont les flux de trésorerie nets après impôts générés par le projet de l'année 1 à l'année n ; et k est le taux d'actualisation ou le rendement requis par les investisseurs.

Comme expliqué dans la section 4.1, le taux d'actualisation k peut être le coût moyen pondéré du capital, le CMPC, le coût d'opportunité du capital ou toute autre valeur jugée appropriée par les investisseurs. Une VAN positive signifie une création de valeur et une VAN négative signifie une destruction de valeur car le projet ne compense pas l'investissement initial.

Exemple 6.7 : VAN pour un profil de flux de trésorerie standard

Question : Calculez la VAN d'un investissement de 25 000 $ pour un projet de cinq ans et dont le flux net de trésorerie d'exploitation est de 13 000 $; 10,500 $; 7 000 $; 4 000 $ et 3 000 $ si le taux d'actualisation est de 15%.

Réponse : La valeur actuelle du flux de trésorerie généré par le projet a été calculée dans l'exemple 6.4 et s'est avérée être de 27 625 $. Faisant usage de l'Eq. 6.9 la VAN est donc de 27 625 $ - 25 000 $ = 2 625 $. Les calculs sont illustrés dans le tableau ci-dessous.

Année	Investissement initial	CFE	FCF	Facteur d'actualisa-tion	Valeur présente du FCF
0	25 000		-25 000	1.000	-25 000
1	-	13 000	13 000	0.870	11 304
2	-	10 500	10 500	0.756	7 940
3	-	7 000	7 000	0.658	4 603
4	-	4 000	4 000	0.572	2 287
5	-	3 000	3 000	0.497	1 492
VAN					2 625

À la différence de la période de récupération, la VAN répond à la question fondamentale de l'entreprise qui est de savoir quelle valeur est créée pour les propriétaires au cours de sa vie économique. La VAN est une métrique de rendement robuste en ce sens que contrairement aux méthodes de retour sur investissement présentées au chapitre 9 et calculées à partir des états financiers, elle résulte uniquement des flux de trésorerie actualisés et n'est donc pas influencée par les pratiques comptables d'amortissement notamment.

Un cas plus général de profil de flux de trésorerie est celui où l'investissement a lieu pendant plusieurs périodes consécutives et pas seulement à la fin de la période zéro (temps présent). Les revenus peuvent commencer à s'accumuler également avant la fin de la phase d'investissement en raison d'opérations partielles, par exemple la construction et l'occupation par phase d'un projet de construction résidentielle. La méthodologie pour déterminer la VAN est la même qu'auparavant, tous les flux de trésorerie individuels sont actualisés pour être ensuite agrégés. Ainsi, une formule plus générale que celle présentée dans l'eq. 6.10 peut être utilisé :

$$VAN = \sum_{t=0}^{n} \frac{CF_t}{(1+k)^t} \qquad (6.11)$$

Où CF_t est le flux de trésorerie disponible de l'année t avec t variant de 0 à n. Le flux de trésorerie disponible peut être positif pour une entrée nette dans la trésorerie du projet ou négatif pour une sortie nette ; *n* est la durée de vie économique du projet et *k* le taux d'actualisation. Par convention, ici les flux de trésorerie sont des valeurs algébriques. L'exemple suivant illustre le calcul de la VAN lorsque l'investissement est étalé sur plusieurs périodes.

Exemple 6.8 : VAN pour un profil de flux de trésorerie d'investissement étendu

Question : Considérons un investissement hypothétique sur trois ans de 10 000$; 3500$; 2 500$ pour l'année 0, 1 et 2 respectivement, et qui rapporte une séquence de flux de trésorerie net d'exploitation de 1 000$ l'année 2 ; 3 000$ la troisième année ; et 6 000$ des années 4 à 8. Quelle est la VAN de l'investissement si le taux d'actualisation est de 18% ?

Réponse : Le profil des flux de trésorerie est illustré ci-dessous et l'éq. 6.11 est utilisée dans le tableau ci-après pour calculer la VAN, qui est de -798$.

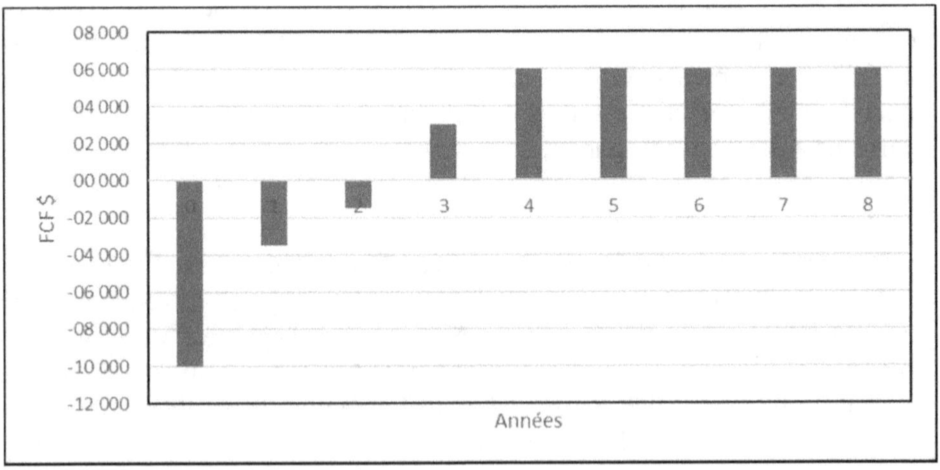

Année	Investissment initial	CFE	FCF	Facteur d'actualisa-tion	Valeur présente du FCF
0	10 000		-10 000	1.000	-10 000
1	3 500	0	-3500	0.847	-2 966
2	2 500	1 000	-1500	0.718	-1 077
3		3000	3 000	0.609	1 826
4		6 000	6 000	0.516	3 095
5		6 000	6 000	0.437	2 623
6		6 000	6 000	0.370	2 223
7		6 000	6 000	0.314	1 884
8		6 000	6 000	0.266	1 596
VAN					-798

4.3. Taux de rendement interne

Le taux de rendement interne (TRI) du projet est défini comme le taux d'actualisation pour lequel la VAN du projet est égale à zéro. En d'autres termes, le TRI est le taux qui égalise la séquence de flux de trésorerie futurs à l'investissement initial et représente donc le taux d'intérêt annuel équivalent, ou annualisé, fourni par le projet. Le TRI est trouvé en résolvant l'équation suivante, qui est non linéaire par rapport au terme inconnu IRR et doit être résolu par essais et erreurs et en utilisant une interpolation linéaire :

$$0 = \sum_{t=0}^{n} \frac{CF_t}{(1+TRI)^t} \qquad (6.12)$$

Le TRI est également appelé *efficacité marginale* d'un investissement, rendement ou taux de solution d'un investissement.

Exemple 6.9 : Taux de rendement interne

Question : Considérons un investissement hypothétique de 25 000$ réalisé à l'année 0 qui produit un flux net de trésorerie d'exploitation de 13 000$; 10.500$; 7 000$; 4.000$; et 3 000$ respectivement pour les années 1 à 5. Quel est le TRI de l'investissement ?

Réponse : La VAN est déterminée pour diverses valeurs de taux d'actualisation à l'aide de l'éq. 6.11 et sa variation est indiquée ci-après.

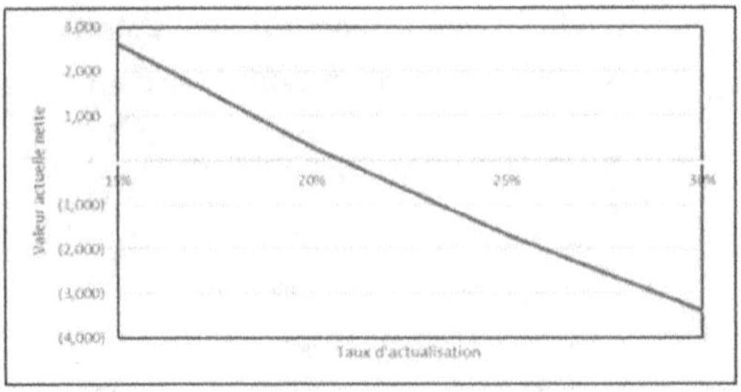

Taux	VAN
15%	2 625
20%	311
25%	-1 675
30%	-3 392
TRI	20.78%

Par interpolation linéaire, on constate que le taux d'actualisation pour lequel la VAN est nulle est de 20,78%.

Encadré 6.1 Technique d'interpolation linéaire

L'interpolation linéaire est une technique qui peut être utilisée pour trouver une valeur approximative de TRI qui satisfait l'équation 6.12. Le principe est d'identifier deux taux d'actualisation d'essai qui donnent des valeurs de VAN de signe opposé. Si (TA_1, VAN_1) et (TA_2, VAN_2) sont respectivement les deux taux d'actualisation et les couples VAN de valeur correspondantes, avec VAN_1 et VAN_2 étant de signe opposé signifiant un positif et l'autre négatif ou vice-versa, le TRI du projet est trouvé par la formule suivante :

$$TRI = \frac{TA_2 - TA_1}{VAN_2 - VAN_1}(0 - VAN_1) + TA_1 \qquad (6.13)$$

Ou alternativement

$$TRI = \frac{TA_1 - T\ _2}{VAN_1 - VAN_2}(0 - VAN_2) + TA_2 \qquad (6.14)$$

La Figure 6.1 illustre le processus de calcul.

Figure 6.1 : Technique d'interpolation linéaire pour déterminer le taux de rendement interne

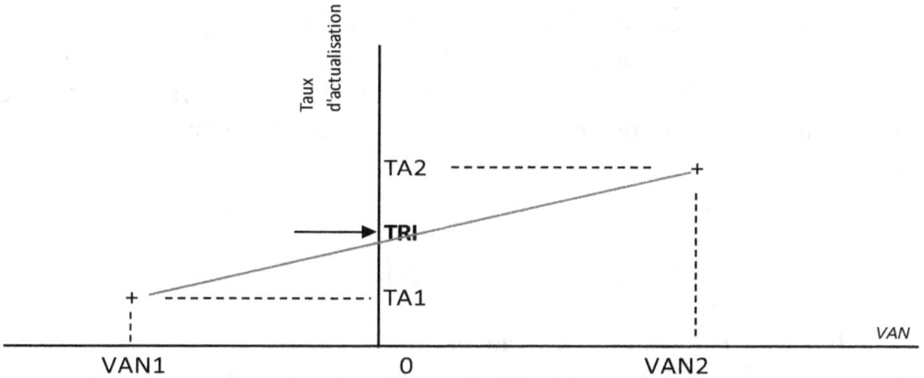

Il est possible d'utiliser la fonction Intercept d'Excel.

$$\text{IRR} = INTERCEPT([TA_1, TA_2], [VAN_1, VAN_2]) \qquad (6.15)$$

La règle de décision avec le critère du TRI est que plus le TRI est élevé, plus le projet est attractif et génère de la richesse. Dans un scénario de hiérarchisation d'un ensemble de projets potentiels, le TRI est utilisé pour les classer et les comparer. Un projet sera jugé acceptable si le TRI est au moins égal au taux de rendement attractif minimum ou au taux critique spécifié par les investisseurs ; sinon, ce n'est pas acceptable.

L'équation non linéaire 6.12 peut n'avoir qu'une ou plusieurs solutions selon le type de profil de flux de trésorerie, qui peut être soit de type conventionnel, soit de type non conventionnel (voir figures 5.1 et 5.2). Dans un type conventionnel de profil de flux de trésorerie, il n'y a qu'un seul changement de signe dans le flux de trésorerie, ce qui signifie que l'investissement est effectué à la phase initiale du projet et que les retours sont reçus ultérieurement. Le profil de flux de trésorerie de type conventionnel présente donc un ou quelques flux de trésorerie négatifs au départ, correspondant à l'investissement initial, suivi d'une séquence de flux de trésorerie positifs représentant les rendements. Sinon, le profil de flux de trésorerie n'est pas conventionnel et il peut y avoir plus d'un TRI. Des profils de flux de trésorerie non conventionnels peuvent se produire dans des projets miniers ou de centrales électriques par exemple, pour lesquels les coûts de fermeture à la fin de la vie économique du projet peuvent générer un flux de trésorerie négatif.

Le critère TRI peut conduire à un classement de projets différent par rapport à la VAN. En outre, dans le cas de profils flux de trésorerie non conventionnels, le TRI, comme mentionné ci-dessus, peut ne pas être une valeur unique. Étant donné que la VAN répond directement à l'objectif des investisseurs et quantifie la valeur créée par le projet, elle doit être prise en considération en priorité en cas de divergence avec le critère TRI.

4.4. Taux de rendement interne modifié

Le **taux de rentabilité interne modifié** (*TRIM*) est le TRI du projet lorsque le profil de flux de trésorerie est constitué d'un seul investissement initial et d'une valeur terminale. En d'autres termes, les flux de trésorerie intermédiaires sont réinvestis dans le projet au taux d'actualisation choisi. La valeur terminale est la valeur future de tous les flux de trésorerie intermédiaires à l'exclusion de l'investissement initial.

L'équation suivante présente la méthode de calcul du taux de rentabilité interne modifié.

$$0 = \frac{Valeur\ terminale\ des\ flux\ de\ trésorerie}{(1+TRIM)^n} - Investissement\ initial \qquad (6.16)$$

ou encore,

$$0 = \frac{\sum_{t=1}^{n} CF_t(1+k)^{n-t}}{(1+TRI\ \ )^n} - \ CAPEX \qquad (6.16\ bis)$$

Où k est le taux auquel les rendements du projet sont investis en dehors du projet lui-même. Le TRIM présente l'avantage de fournir une solution unique pour un projet contrairement au TRI qui peut conduire à plus d'une solution. Le TRIM est également perçu comme fournissant une estimation plus prudente que le TRI. Cependant, le TRI reste la méthode la plus populaire des deux.

Exemple 6.10 : Taux de rendement interne modifié

Question : Considérons un investissement hypothétique de 25 000$ qui génère un flux de trésorerie d'exploitation de 13 000$; 10500$; 7 000$; 4.000$; et 3 000$ au cours des cinq prochaines années. Si les rendements du projet sont investis à un taux de 5%, quel est le taux de rendement interne modifié ?

Réponse : Les calculs sont effectués comme indiqué dans le tableau ci-dessous. Un TRIM de 11,4% est trouvé en utilisant l'équation 6.16.

Année	Investisse-ment initial	CFE	Facteur de composition	Valeur future
0	25 000			
1	-	13 000	1.22	15 802
2	-	10 500	1.16	12 155
3	-	7 000	1.10	7 718
4	-	4 000	1.05	4 200
5	-	3 000	1.00	3 000
Total				42 874
TRIM				11.4%

4.5. Indice de rentabilité

L'**indice de rentabilité** est le rapport entre la valeur actuelle des flux de trésorerie générés par le projet et la valeur actuelle des flux de trésorerie consommés par le projet. L'indice de rentabilité mesure le retour obtenu par dollar investi.

$$Indice\ de\ rentabilité = \frac{Valeur\ actuelle\ du\ flux\ de\ trésorerie\ généré}{Valeur\ actuelle\ du\ flux\ de\ trésorerie\ consommé} \quad (6.17)$$

Où la valeur actuelle du cash généré est la somme des valeurs actuelles des flux de trésorerie générés pour chaque période, tandis que la valeur actuelle de trésorerie consommée est la valeur actuelle des sorties de trésorerie ou de l'investissement pour chaque période.

Dans le cas d'un profil avec une seule grosse sortie de trésorerie à la période zéro représentant l'investissement initial suivi d'un flux de flux de trésorerie positifs, la formule est :

$$Indice\ de\ rentabilité = \frac{Valeur\ actuelle\ du\ flux\ de\ trésorerie\ généré}{CAPEX} \qquad (6.18)$$

La règle de décision est que si l'indice de rentabilité est inférieur à 1, la proposition d'investissement ne doit pas être poursuivie et doit être rejetée. Si l'indice de rentabilité est supérieur à 1, l'investissement est recommandé.

Exemple 6.11 : Indice de rentabilité

Question : Considérons un investissement hypothétique de 25 000$ réalisé à l'année 0 qui produit un flux net de trésorerie d'exploitation de 13 000$; 10.500$; 7 000$; 4.000$; et 3 000$ respectivement pour les années 1 à 5. Quel est l'indice de rentabilité de l'investissement si le taux d'actualisation est de 15% ?

Réponse : La valeur actuelle du flux de trésorerie net après impôt généré par l'investissement est de 27 625$ à partir de l'exemple 6.4. Utilisant l'eq. 6.18 avec CAPEX = 25 000$ on trouve un indice de rentabilité de 111%.

La relation entre l'indice de rentabilité et la VAN est indiquée ci-dessous :

$$Indice\ de\ rentabilité = \frac{VAN}{Valeur\ actuelle\ du\ flux\ de\ trésorerie\ consommée} + 1 \qquad (6.19)$$

L'avantage de l'indice de rentabilité est qu'il s'agit d'une mesure relative, c'est-à-dire indépendante de la taille du projet, permettant ainsi la comparaison de projets de différentes tailles, tandis que la VAN est une mesure absolue qui ne permet pas de telles comparaisons. Dans une situation de rationnement du capital où plusieurs bons projets de différentes tailles sont en compétition pour le financement, l'indice de rentabilité peut être un outil utile pour leur classement.

4.6. Ratio avantages-coûts

Le **ratio avantages-coûts** est équivalent à l'indice de rentabilité mais est un terme principalement utilisé dans l'analyse économique, tandis que le terme indice de rentabilité est utilisé dans l'analyse financière. D'un point de vue financier, les avantages générés par le projet sont les entrées de trésorerie et les coûts sont les sorties de trésorerie ou les liquidités consommées. Du point de vue de l'analyse économique, les bénéfices sont toutes les entrées de trésorerie et les externalités positives exprimées en termes monétaires et les coûts sont toutes les sorties de trésorerie et les externalités négatives exprimées en termes monétaires. Le ratio avantages-coûts est le rapport entre la valeur actuelle de tous les avantages générés par le projet et la valeur actuelle de tous les coûts engendrés par le projet.

$$Ratio\ avantages : coûts = \frac{Valeur\ actuelle\ des\ bénéfices}{Valeur\ actuelle\ des\ coûts} \tag{6.20}$$

L'utilisation du terme rapport avantages-coûts est plus pertinente dans les projets du secteur public où l'objectif est de fournir des avantages aux citoyens plutôt que de réaliser un profit, ou dans des contextes où l'on souhaite quantifier les avantages d'un projet pour la communauté au sens large, au-delà des promoteurs. Par conséquent, le ratio avantages-coûts a une signification plus large que l'indice de rentabilité.

4.7. Charge annuelle équivalente

La **charge annuelle équivalente** ou le **coût annuel équivalent** d'une séquence de flux de trésorerie généré par un projet est la valeur actuelle d'une séquence de flux de trésorerie répartie uniformément tout au long de la vie économique du projet. En quelque sorte c'est la valeur actuelle du projet convertie en annuité sur sa durée de vie économique ; la charge annuelle équivalente est calculée à l'aide de la formule :

$$Charge\ annuelle\ équivalente = Valeur\ actuelle * \frac{k}{1-(1+k)^{-n}} \tag{6.21}$$

Où k est le taux d'actualisation et n la durée de vie du projet. Le terme multipliant la valeur actuelle dans l'éq. 6.21 est appelé le « **facteur de rente** ».

L'utilité de la charge annuelle équivalente est de comparer des projets alternatifs de différents profils de flux de trésorerie et de même durée de vie, mais où l'incidence budgétaire des coûts annuels est importante. Lorsque les projets sont de durée inégale, le recours à un scénario de projets répétés permet de tirer des conclusions. La comparaison des projets n'est pas au cœur de ce livre, nous limiterons donc la discussion à la présentation de la méthode de calcul pour l'établissement d'un coût annuel équivalent. Au demeurant, on peut noter que la formule en eq. (6.21) est le même que celui pour l'amortissement des prêts (eq. 4.18).

Exemple 6.12 : Redevance annuelle équivalente

Question : Un projet de cinq ans à une valeur actuelle de 27 625 $ déterminée à un taux d'actualisation de 15%. Quel est le coût annuel équivalent correspondant ?

Réponse : En utilisant l'eq. 6.2.1 le facteur de rente est de 0,298 ; par conséquent, le coût annuel équivalent est de 8 241$. Cela signifie que le flux de trésorerie net après impôts généré par le projet équivaut à une annuité de 8 241$ étalée sur 5 ans.

La charge annuelle équivalente est également utile dans les situations où l'on souhaite imputer le coût du capital fixe d'un projet à travers des charges annuelles égales pour récupérer le capital et les intérêts encourus au taux d'actualisation. La charge annuelle équivalente peut également être utilisée pour calculer le montant par lequel les revenus générés par un projet doivent dépasser ses dépenses d'exploitation afin de rembourser le capital d'investissement. Dans de tels contextes, le facteur de rente est appelé **facteur de recouvrement du capital**.

Exemple 6.13 : Facteur de recouvrement du capital

Question : Une municipalité installe un nouveau réseau de distribution électrique d'un coût de 35 millions de dollars et la durée de vie du projet est de 20 ans. Si le taux d'actualisation est de 12%, quel est le montant annuel que la commune devra récupérer auprès des résidents pour récupérer la valeur de l'investissement ?

Réponse : En utilisant Eq. 6.21 avec valeur présente = 35 millions ; k = 12% ; et n = 20, on trouve un facteur de rente de 0,134 et la récupération en capital est de 4 685 757$ par an. En fait, les clients achèteront le réseau et en paieront le coût sur 20 ans à un taux d'intérêt de 12%.

4.8. Période de récupération actualisée

La **période de récupération actualisée** est la même que la méthode de période de récupération présentée à la section 3.1, sauf que la valeur temporelle de l'argent est prise en compte et les flux de trésorerie sont actualisés. Ceci est illustré dans l'exemple suivant.

Exemple 6.14 : Période de récupération actualisée

Question : Considérons un investissement hypothétique de 25 000$ réalisé à l'année 0 qui produit un flux de trésorerie disponible de 13 000 $; 10.500 $; 7 000$; 4.000$; et 3 000$ respectivement pour les années 1 à 5. Quelle est la période de récupération actualisée si le taux d'actualisation est de 15% ?

Réponse : La période de récupération actualisée est déterminée lorsque la valeur actuelle cumulée du flux de trésorerie disponible est nulle, ce qui donne 3,5 ans par interpolation linéaire (voir tableau ci-dessous). Il s'agit d'une valeur plus élevée que celle calculée dans l'exemple 6.1, ce qui met en évidence l'effet de l'actualisation des valeurs futures des flux de trésorerie.

Toutes les valeurs monétaires en $

Année	Investissement initial	CF net d'exploitation	FCF	Facteur d'actualisation	Valeur présente du FCF	VP cumulée du FCF
0	25 000		-25 000	1.000	-25 000	-25 000
1	-	13 000	13 000	0.870	11 304	-13 696
2	-	10 500	10 500	0.756	7 940	-5 756
3	-	7 000	7 000	0.658	4 603	-1 154
4	-	4 000	4 000	0.572	2 287	1 133
5	-	3 000	3 000	0.497	1 492	2 625
Période de récupération actualisée (années)						3.50

En pratique, la VAN est la technique d'actualisation des flux de trésorerie privilégiée pour l'évaluation des propositions de projets car elle mesure la contribution du projet à la richesse des actionnaires. Dans des situations pratiques, plusieurs des ratios décrits ci-dessus sont calculés afin d'évaluer et de classer les projets dans un contexte de rationnement du capital, la VAN, le TRI et l'indice de rentabilité étant les plus courants.

CHAPITRE VII

ÉTATS FINANCIERS

Le but des **états financiers** de l'entreprise est de fournir aux parties prenantes une représentation précise de la situation de l'entreprise, de ses résultats et de sa situation de trésorerie. Les états financiers peuvent être préparés *ex ante*, c'est-à-dire projetés, ce que l'on appelle les **états financiers pro forma**.

1. ÉTATS FINANCIERS

Les composants, le fonctionnement et la santé financière d'une entreprise peuvent être déterminés sur la base d'un ensemble de trois types de rapports d'activité ou états financiers :

- Le **Bilan** - qui présente un aperçu de ce que l'entreprise possède et doit à un moment donné, par exemple au début ou à la fin d'une période comptable ;

- Le **Compte de résultat** (ou compte de profits et pertes) - qui présente les revenus, bénéfices ou pertes encourus par l'entreprise au cours d'une période ;
- Le **Tableau des flux de trésorerie** - qui montre le flux et l'utilisation des liquidités au sein de l'entreprise au cours d'une période.

Le jeu complet de comptes relatif à une période comptable, par ex. un exercice, comprend :

(*i*) Bilan d'ouverture en début de période ;

(*ii*) Bilan de clôture en fin de période ;

(*iii*) Compte de résultat de la période ;

(*iv*) Tableau des flux de trésorerie de la période.

Ceci est illustré à la figure 7.1.

Figure 7.1 : Ensemble complet de comptes

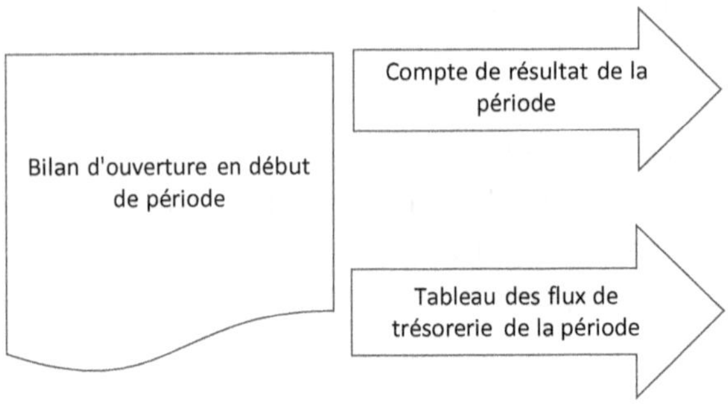

La préparation des états financiers pour chaque période comptable représente les activités clés de la comptabilité d'une entreprise. Les états financiers sont normalement mis à disposition dans la section correspondante du rapport annuel d'une entreprise.

Dans ce qui suit, les conventions comptables utilisées pour établir les états financiers sont présentées. Par la suite, les états financiers sont discutés eu égard à leur contenu du point de vue de l'analyste financier ; leur structure et leur présentation réelles peuvent différer selon les pratiques comptables de la juridiction concernée.

2. PRATIQUES COMPTABLES

L'objectif général de la comptabilité est d'avoir un registre et un suivi de ce que l'entreprise possède (actifs), de ce qui est dû par l'entreprise à son propriétaire (capitaux propres) et à ses créanciers (passifs) et du résultat des activités commerciales qui peuvent être lucratives ou mener à des pertes.

2.1. Équation comptable

L'enregistrement des transactions ou des écritures dans les livres de la société se fait selon la méthode de la **comptabilité en partie double** selon laquelle, pour chaque transaction, il y a deux enregistrements : (i) la provenance de l'argent, c'est-à-dire s'il provient des propriétaires ou des créanciers ; (ii) ce qui en a été fait, c'est-à-dire quel actif a été acquis avec l'argent. La comptabilité en partie double est basée sur l'**équation comptable** :

$$Actifs\ totaux = Passifs\ totaux + fonds\ propres \qquad (7.1)$$

L'équation comptable indique simplement que tout ce que l'entreprise possède et utilise pour créer de la valeur a été payé en utilisant des ressources fournies soit par les créanciers (passifs totaux), soit par les propriétaires (fonds propres). Étant donné que les fonds des propriétaires représentent également un passif pour l'entité commerciale, l'équation comptable est parfois exprimée sous la forme « Total de l'actif = Total du passif ».

2.2. Comptabilité de trésorerie et d'exercice

La période d'activité au cours de laquelle une transaction est enregistrée dans le livre de l'entreprise sera différente selon le type de méthode comptable utilisée.

Dans la **méthode de comptabilité de trésorerie**, les reçus de vente sont enregistrés pendant la période au cours de laquelle la trésorerie est effectivement reçue, et de même les dépenses sont enregistrées pendant la période au cours de laquelle la trésorerie est effectivement payée.

Dans la **comptabilité d'exercice**, les recettes de vente sont enregistrées au titre de la période au cours de laquelle les produits sont gagnés et les dépenses sont enregistrées au titre de la période au cours de laquelle les passifs sont engagés, quel que soit le moment réel auquel les montants en espèces correspondants sont reçus ou payés.

L'approche de la comptabilité d'exercice est la méthode moderne et recommandée ; c'est l'approche retenue dans ce livre.

2.3. Principes comptables

Dans toutes les juridictions, il existe des principes qui régissent les pratiques comptables et la présentation des états financiers par les entreprises. Les **principes comptables généralement reconnus** (PCGR) visent à normaliser les méthodes comptables utilisées par les entreprises de manière à garantir l'exhaustivité, la cohérence dans le temps et la comparabilité entre les secteurs d'activité économique.

Quelques principes comptables généralement reconnus sont mis en évidence ci-dessous pour référence future :

- Le **conservatisme,** qui signifie que les états financiers doivent refléter le pire des scénarios concernant les bénéfices de l'entreprise.

- La **matérialité** ou importance relative, qui signifie que les éléments de coûts non significatifs sont totalement facturés immédiatement après l'achat.

- La **cohérence** signifiant qu'une même méthode est maintenue d'une période à l'autre une fois choisie, par ex. concernant l'amortissement des actifs.

- Le **principe de l'entité économique autonome**, qui signifie que les activités d'une entreprise doivent être enregistrées séparément de celles de ses propriétaires.

- L'enregistrement des **coûts historiques**, ce qui signifie que la valeur d'un actif est enregistrée au coût d'acquisition initial.

3. BILAN

La situation financière d'une entreprise est normalement établie à la fin de chaque période comptable et cela se fait par le biais du **Bilan**. Le bilan est un instantané à un moment donné des actifs que l'entreprise utilise pour opérer et de l'origine des fonds employés pour l'acquisition des actifs. Le bilan peut être visualisé comme un moteur avec une puissance définie qui génère une sortie sous forme de bénéfices. Le bilan est un outil important pour évaluer la structure du capital d'une entreprise.

Le bilan est traditionnellement représenté en deux colonnes, de valeur financière égale. Le côté gauche énumère les actifs de l'entreprise (utilisation des fonds) et le côté droit représente les engagements de l'entreprise envers ses prêteurs et les capitaux propres des propriétaires (sources de financement). Le bilan reflète donc l'équation comptable, comme illustré sur la fig. 7.2.

Figure 7.2 : Structure générale du bilan

Utilisations des fonds	*Sources de financement*
Actifs	Capitaux propres
	Passifs

3.1. Disposition horizontale à cinq cases

Les colonnes de la fig. 7.2 peuvent être affinées davantage en termes de sous-catégories pour aboutir à la **présentation en cinq cases du bilan**. Ainsi, ce dernier peut se résumer en cinq chiffres clés :

- Immobilisations (ou actifs fixes)
- Actifs à court terme (actifs circulants)
- Capitaux propres (des propriétaires)
- Prêts à long terme
- Passifs courants

La figure 7.3 illustre la représentation à cinq cases et les éléments typiques contenus dans chacun des cinq blocs principaux.

Figure 7.3 : Disposition horizontale à cinq cases d'un bilan

Utilisations des fonds	Sources de financement
Immobilisations	Capitaux propres
	+ Prêts à long terme
+ Actifs courants	+ Passifs courants
= Actifs totaux	= Fonds propres + passif totaux

Dans la figure 7.4 ci-dessous, le contenu détaillé typique de chacune des cases est présenté.

Figure 7.4 : Éléments détaillés du bilan

Utilisations des fonds	Sources de financement
Immobilisations (actifs non courants) - **Immobilisations incorporelles** : *Goodwill* - brevets - licences - etc. - **Immobilisations corporelles** : terrains et bâtiments - installations et équipements, transports, ordinateurs, matériel de bureau, etc. - **Investissements à long terme** : par ex. parts dans des entreprises associées	**Capitaux propres** (fonds ordinaires, fonds communs de placement) - Actions ordinaires émises - Réserves de capital - Réserves de revenus (conservées dans l'entreprise à partir du bénéfice commercial normal)
	Prêts à long terme - Prêts hypothécaires - débentures - prêts à terme - obligations, etc. (avec échéances de remboursement sur 1 an ou plus)
Actifs courants - **Stocks** : matières premières - travaux en cours, produits finis, pièces de rechange d'entretien. - **Comptes débiteurs** : Débiteurs commerciaux - montants dus par des clients découlant de l'activité normale. - **Trésorerie et équivalents de trésorerie** : tous les équivalents de trésorerie, par ex. Dépôts bancaires à court terme et titres liquides. - **Divers** : tous les autres actifs à court terme, par ex. prépaiement aux fournisseurs ; frais payés d'avance sur l'assurance ou le loyer ; les titres négociables, c'est-à-dire la dette et les capitaux propres pour lesquels il existe un marché liquide ; les montants dus à la société de nature non commerciale à court terme.	**Passifs courants** - **Comptes à payer (créanciers)** : créanciers commerciaux, c'est-à-dire montants dus aux fournisseurs découlant de l'activité normale. - **Prêts à court terme** : découverts bancaires, dette à court terme portant intérêt. - **Divers** : tous les autres engagements à court terme : par ex. les paiements courus sur les dettes à long terme, les intérêts à payer, les impôts courants et les dividendes dus, les paiements anticipés des clients, les salaires à payer.

Dans la classification des actifs et des passifs, les termes « **courant** », « **court terme** » et « **non courant** » « **long terme** » sont souvent utilisés. De manière générale, « courant » et « à court terme » désignent des éléments ou des transactions qui ont un horizon temporel d'un an ou moins ; « **moyen terme** » désigne ceux qui ont un horizon temporel de trois à cinq ans ; et à long terme ceux qui ont une durée de vie de cinq à vingt ans ou plus. Dans la classification des actifs et des passifs, la seule distinction faite est entre le courant, ou court terme, et le long terme.

Comme mentionné précédemment, le bilan est « équilibré », c'est-à-dire que les colonnes de gauche et de droite ont des poids égaux, en raison de l'équation comptable :

$$Actifs\ fixes + Actifs\ courants = Capitaux\ propres + Prêts\ à\ long\ terme + Passifs\ courants \qquad (7.2)$$

Exemple 7.1 : Bilan initial de Real Estates Inc.

Question : Real Estates Inc. a acheté un terrain pour 12 500 $ et y a érigé un immeuble d'une valeur de 300 000 $, tout en possédant encore 5% de ce montant à titre de retenue de garantie due à l'entrepreneur. L'immeuble est amortissable sur 30 ans selon la méthode d'amortissement linéaire. L'entreprise a souscrit une assurance d'un an pour 400 $. L'opération a été financée par une hypothèque de 100 000 $, le reste étant des fonds propres. Quel est le bilan initial de Real Estates Inc. ?

Réponse : Les immobilisations sont constituées du terrain et de la valeur du bâtiment, respectivement 12 500$ et 300 000$. Les actifs courants sont constitués de l'assurance pour 400 $. Les actifs ont été financés par un prêt à long terme (l'hypothèque) de 100 000 $; 5% des coûts de construction ou 15 000 $ encore appartenant à l'entrepreneur, exigibles au cours de l'année suivante, ce qui est un passif courant ; et les ressources du propriétaire ont financé 12 500$pour l'achat du terrain, plus 185 000$ pour la construction du bâtiment ; plus 400 $ pour l'assurance. Le bilan initial est présenté dans le tableau ci-dessous.

Chiffres en '000 $

Année		**0**		**0**
Immobilisations			Fonds des propriétaires	197.9
	Terrain	12.5		
	Construction	300		
Actifs courants			Prêts à long terme	100
	Cash	0		
	Assurance	0.4	Passifs courants	15
Actifs totaux		**312.9**	**Passifs totaux + fonds propres**	**312.9**

3.2. Termes clés liés au Bilan

La disposition en cinq cases permet de discuter facilement des termes clés souvent utilisés pour caractériser la situation financière d'une entreprise à travers l'analyse du bilan. D'autres formes de présentation du bilan seront discutées et illustrées ultérieurement. Les quatre termes clés sont : **Actifs totaux** ; **Capitaux employés** ; **Valeur nette** ; et **Fonds de roulement**.

3.2.1. Actifs totaux

Le total des actifs est la somme de tous les éléments du bilan de haut en bas, indifféremment à droite ou à gauche car l'équation comptable tient, et ainsi la somme de chacune des deux colonnes conduit au même résultat.

$$Actifs\ totaux = Immobilisations + Actifs\ courants = Capitaux\ propres + Prêts\ à\ long\ terme + Passifs\ courants \quad (7.3)$$

3.2.2. Capital employé

Le capital employé est la somme de tous les fonds à long terme du bilan. En se référant à la figure 7.3:

$$Capital\ employé = Actifs\ totaux - Passifs\ courants \quad (7.4)$$

$$Capital\ employé = Fonds\ des\ propriétaires + Prêts\ à\ long\ terme \quad (7.5)$$

$$Capital\ employé = Actifs\ fixes + Fonds\ de\ roulement \quad (7.6)$$

3.2.3. Valeur nette

La **valeur nette** d'une entreprise est le montant d'argent attribuable au propriétaire. Il se présente sous plusieurs formes telles que les actions ordinaires émises, les réserves de capital, les réserves de revenus, les bénéfices réinvestis, les intérêts minoritaires détenus dans d'autres entreprises. Il s'agit de la valeur de tout ce que l'entreprise possède (actifs) moins tous les passifs (dettes à long terme et passifs courants).

$$Valeur\ nette = Actifs\ fixes + Actifs\ courants - Passifs\ courants - Prêts\ à\ long\ terme \quad (7.7)$$

3.2.4. Fonds de roulement

Le **fonds de roulement** est défini comme l'actif courant moins le passif courant. Il s'agit d'une mesure de la liquidité dont dispose l'entreprise pour son fonctionnement quotidien.

$$Fonds\ de\ roulement = Actifs\ courants - Passifs\ courants \quad (7.8)$$

$$Fonds\ de\ roulement = Capitaux\ propres + Prêts\ à\ long\ terme - Actifs\ fixes \quad (7.9)$$

Le fonds de roulement est un concept clé car de nombreuses entreprises, par ailleurs profitables, peuvent avoir leur patrimoine immobilisé dans des actifs qui ne sont pas rapides à convertir en liquidités, c'est-à-dire qui n'ont pas un degré élevé de **liquidité**. Dans de telles situations, l'entreprise peut ne pas être en mesure de répondre à ses besoins de trésorerie immédiats, ce qui peut conduire à la faillite. Le fonds de roulement est discuté en détail dans la section 8 du chapitre 5.

3.3. Disposition verticale du bilan

La présentation du bilan au format vertical facilite la comparaison de la situation financière de l'entreprise au cours des différentes années.

Figure 7.5 : Dispositions verticales du bilan

Utilisations des fonds	Actifs fixes
	+ Actifs courants
	= Actifs totaux
Sources de financement	Capitaux propres
	+ Prêts à long terme
	+ Passifs courants
	= Fonds propres +passifs totaux

Une autre forme de disposition verticale est la suivante :

Utilisations des fonds	Actifs fixes
	+ Fonds de roulement
	= Capitaux employés
Sources de financement	Fonds propres
	+ Prêts à long terme
	= Capitaux employés

4. Compte de résultat

Le **compte de résultat** permet de suivre le profit ou la perte de l'entreprise sur une période comptable. En raison des obligations fiscales, les entreprises sont tenues de déclarer et d'enregistrer leurs ventes et de déterminer le bénéfice imposable pour chaque exercice. La structure et la méthodologie générale de détermination du compte de résultat sont présentées ci-dessous.

4.1. Structure

Le principe général de l'établissement du compte de résultat est que l'entreprise génère des ventes ou des revenus (qui sont le montant total facturé) dont toutes les dépenses engagées sont déduites pour obtenir le bénéfice sur la période. L'entreprise est alors imposée sur le bénéfice, et le **revenu net** est le bénéfice moins l'impôt à payer. Le Compte de résultat est également connu sous le nom de *compte de profits et pertes* dans la littérature britannique.

Il est à noter que le compte de résultat ne concerne pas les flux de trésorerie entrant ou sortant de l'entreprise, mais plutôt les montants facturés et les dépenses pour lesquelles l'entreprise est facturée. Ceci est conforme aux principes de la comptabilité d'exercice (« *Accrual accounting* » en anglais). Le format générique du Compte de résultat est illustré à la figure 7.6 avec ses rubriques principales.

Figure 7.6 : Mise en place du Compte de résultat

Étape	Désignation
1	Revenus bruts (ventes)
2	- Coûts des ventes (COGS)
3	*= bénéfice brut*
4	- Charges d'exploitation (OPEX)
5	+ Autres revenus
6	*= Bénéfice avant intérêts, impôts, dépréciations et amortissements (EBITDA)*
7	- Amortissements
8	*= Résultat opérationnel (EBIT)*
9	- Frais d'intérêts (*i*)
10	= Revenu imposable (EBT)
11	- Impôts (Impôts = revenus imposables * *T*)
12	= Revenu net (EAT)

4.2. Processus d'affectation des bénéfices

La figure 7.7 illustre le processus d'« **appropriation** » des bénéfices réalisés par l'entreprise en cascade. Le résultat opérationnel ou **bénéfice d'exploitation** (EBIT) est d'abord utilisé pour payer les intérêts aux prêteurs. Ensuite, le montant restant, qui correspond au **bénéfice avant impôt** (EBT), est utilisé pour payer l'impôt au gouvernement. Ensuite, le montant restant, qui est le **bénéfice après impôt** (EAT pour *earnings after tax*), est utilisé pour les paiements de distribution aux propriétaires et pour financer la croissance de l'entreprise grâce aux **bénéfices non répartis**.

Figure 7.7: Processus d'affectation des bénéfices

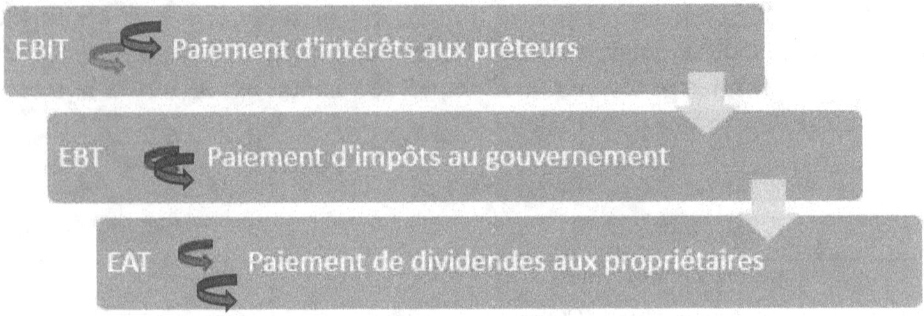

Le processus d'affectation est détaillé dans les étapes supplémentaires illustrées à la figure 7.8 ci-après.

Figure 7.8 : Distribution des bénéfices

Étape	Désignation
1	Résultat net
2	+ Éléments non récurrents (valeur après impôts)
3	*= Montant total disponible pour les distributions*
4	- Dividendes (paiements aux actionnaires)
5	*= Bénéfices non répartis*

4.3. Éléments non récurrents

Les **éléments non récurrents** (ENR) sont des gains ou des pertes générés par des événements ponctuels isolés tels que la vente d'un actif, les frais de litiges, l'arrêt partiel ou la révocation de charges de personnel. Avant 2015, les PCGR prévoyaient également des éléments extraordinaires tels que les dommages causés par des catastrophes naturelles, mais ceux-ci sont désormais inclus dans le concept d'éléments non récurrents.

4.4. Distributions

Le montant total disponible pour les distributions résulte de l'ajout des éléments non récurrents au résultat net.

$$\textit{Montant total disponible pour les distributions} = \textit{Résultat net} + \textit{ENR} \qquad (7.10)$$

Les distributions sont les paiements effectués par l'entreprise aux propriétaires. Les deux principales catégories de ces paiements sont les **dividendes** et la rémunération des intérêts minoritaires. Les dividendes sont la rémunération périodique, typiquement trimestrielle, des propriétaires pour leur participation dans l'entreprise en tant que partie des bénéfices. Les paiements d'intérêts ne donnant pas le contrôle proviennent des bénéfices réalisés par d'autres entreprises partiellement détenues mais non contrôlées par la société (c'est-à-dire que la société détient moins de 50% des actions). Le montant du dividende qu'une société paie par action est normalement indiqué dans son rapport annuel.

4.5. Bénéfices non répartis

Les bénéfices non répartis sont la part du total réalisé par le résultat net et les éléments non récurrents qui n'est pas distribuée aux propriétaires. Les bénéfices non répartis font partie des bénéfices réinvestis à des fins de croissance et sont crédités aux capitaux propres des propriétaires dans l'entreprise.

Exemple 7.2 : Compte de résultat de Real Estates Inc.
pour la première année d'exploitation

Question : Les projections de Real Estates Inc. pour la première année d'exploitation comprennent des revenus de location de 36 000 $. Du côté des dépenses, il y aura les services publics pour 240 $, les salaires et les frais d'administration générale pour 6 000 $; frais d'entretien pour 700 $. Le taux d'intérêt hypothécaire est de 7% et le prêt hypothécaire est amorti sur 25 ans. Le bâtiment lui-même est amorti sur 30 ans. Le taux de rétention des dividendes est de 90% la première année. Quel est le compte de résultat prévisionnel de la première année d'exploitation ?

Réponse : Les revenus sont de 36 000 $; il n'y a pas de coûts variables ; les frais fixes comprennent les frais généraux et administratifs pour 7 340 $ (6 000 $ + 700 $ + 400 $ + 240 $) comprenant les salaires, l'entretien, les assurances et les services publics). À noter que l'assurance est passée en charges sur l'année. Les autres coûts sont l'amortissement du bâtiment et les paiements d'intérêts pour l'hypothèque. La charge d'amortissement est de 300 000 $ / 30 = 10 000 $ par année ; les intérêts pour la première année sont de 7% du capital impayé ou 100 000 $ * 7% = 7 000 $. Le compte de résultat prévisionnel pour la première année est donc présenté ci-dessous.

Chiffres en '000 $

Compte de résultat pour la 1ère année	
Revenus	36.0
COGS	0.0
Bénéfice brut	36.0
SG&A	7.3
Autres revenus	0.0
Amortissements	10.0
EBIT	18.7
Intérêts	7.0
EBT	11.7
Impôts	4.1
Résultat net	**7.6**
Retenues	6.8
Dividendes	0.8

5. Tableau des flux de trésorerie

Le **Tableau des flux de trésorerie** vise à suivre les mouvements de trésorerie entrant et sortant de l'entreprise au cours d'une période comptable. Il est important de signaler les mouvements de trésorerie dans une entreprise, car le manque de liquidités facilement disponibles est l'une des raisons les plus courantes de faillite. Le tableau des flux de trésorerie fournit un meilleur aperçu de la santé financière d'une entreprise que le compte de résultat, car le profit indiqué dans un compte de résultat ne se traduit pas nécessairement par des entrées de trésorerie réelles. En d'autres termes, le profit n'est pas égal à la trésorerie et sans espèces, l'entreprise, même si elle est rentable ne peut pas fonctionner et peut être contrainte par ses prêteurs à la faillite. De plus, en raison des pratiques comptables, une entreprise peut déclarer des revenus ou des bénéfices supplémentaires dans une certaine mesure, mais ne peut pas déclarer de trésorerie supplémentaire ; cela fait du tableau des flux de trésorerie un document vérifiable et difficile à manipuler.

Pour de nombreux analystes, le tableau des flux de trésorerie reflète plus fidèlement la santé financière de l'entreprise que le bilan et le compte de résultat. Comme indiqué précédemment, les dépenses ou les revenus enregistrés dans le compte de résultat peuvent être de la trésorerie réelle ou non en raison du principe de la comptabilité d'exercice.

5.1. Composantes du tableau des flux de trésorerie

Le Tableau des flux de trésorerie comprend trois éléments :

- **Flux de trésorerie d'exploitation** (CFE) - qui comprend tous les mouvements de trésorerie résultant de l’exploitation normale et des charges de financement (intérêts et dividendes) et fiscales (impôts).
- **Flux de trésorerie d'investissement** (CFI) - qui comprend tous les mouvements de trésorerie résultant de l'achat et de la cession d'immobilisations.
- **Flux de trésorerie de financement** (CFF) - qui comprend tous les mouvements de trésorerie résultant de l'émission de nouveaux capitaux propres, de la levée de prêts à long terme ou du remboursement de prêts à long terme.

La somme des liquidités au titre de chacun des trois éléments représente le montant total des liquidités reçues ou employées au cours de la période considérée.

$$CF\ Total = CFE + CFI + CFF \tag{7.11}$$

Où CF signifie *Cash-flow* ou **flux de trésorerie.**

5.2. Flux de trésorerie d'exploitation

Le CFE peut être déterminé en utilisant le résultat net et en ajustant les dépenses et les revenus hors caisse.

$$CFE = Résultat\ net + éléments\ non\ récurrents + \Delta\ Dépenses\ non\ payées\ en\ cash - \Delta\ Revenus\ non\ reçus\ en\ cash - \Delta\ Stocks \quad (7.12)$$

Où le symbole Δ signifie « variation » et représente la valeur de l'élément en fin de la période moins la valeur en début de la période.

Les dépenses non payées comprennent :

- Comptes fournisseurs, c'est-à-dire articles reçus à crédit par l'entreprise
- L'amortissement, qui n'est jamais payé en espèces, car il s'agit d'un coût comptable qui reflète la perte de valeur d'un actif par effet du vieillissement, par conséquent, il doit être rajouté pour déterminer le flux financier.
- Les impôts différés, lorsque ceux encourus sont déclarés pour liquidation ultérieure ;
- Frais prépayés ;
- Autres charges à payer non liquidées.

Les revenus non reçus en espèces comprennent :

- Comptes fournisseurs, c'est-à-dire les ventes à crédit.

Il est à noter que si l'impôt peut être différé, les paiements d'intérêts sont généralement payés promptement et en espèces, sinon l'entreprise sera en défaut de paiement. Quant à la variation des stocks, elle reflète le fait que lorsque, au cours de la période comptable, les stocks augmentent, cela signifie un flux net d'argent hors de l'entreprise ; de même, quand il diminue, cela signifie une entrée nette de trésorerie via les activités de vente pour un montant équivalent au coût des ventes.

5.3. Flux de trésorerie d'investissement

Le flux de trésorerie provenant des activités d'investissement (CFI) résulte de l'investissement en immobilisations corporelles sous forme de dépenses d'investissement ou CAPEX, d'achat ou de liquidation d'actifs, de participations dans d'autres entités commerciales ou d'investissements dans divers titres.

Le CAPEX est la partie la plus importante du CFI. Le CFI est comptabilisé à partir des variations du bilan et du compte de résultats car l'augmentation des actifs signifie l'utilisation des fonds et l'augmentation des passifs reflète l'accès à des sources de financement. Conformément à l'équation comptable, les utilisations des fonds doivent toujours correspondre aux sources de financement.

5.4. Flux de trésorerie de financement

La trésorerie provenant des activités de financement (CFF) montre le financement net canalisé vers l'entreprise à la suite d'opérations d'emprunt, la vente ou le rachat d'actions ou la distribution de dividendes. Les principales catégories du CFF sont la levée ou le rachat de capitaux propres, la levée ou la liquidation de dettes et les distributions en termes de dividendes et de paiements d'intérêts sans contrôle.

CFF = Trésorerie provenant des fonds propres + Trésorerie provenant de la dette - Dividendes payés - Paiement des intérêts minoritaires - Rachat de capitaux propres - Remboursement de la dette (7.15)

5.5. Rapprochement de la trésorerie

Le processus de rapprochement de trésorerie consiste à déterminer la position de trésorerie actuelle à partir de la précédente en tenant compte des mouvements de trésorerie qui se sont produits entre-temps. Le rapprochement est important pour garantir que l'argent réellement dépensé est conforme aux registres de l'entreprise, pour vérifier les erreurs ou les pratiques frauduleuses et pour évaluer la solidité financière et la liquidité de l'entreprise.

Figure 7.8 : Processus de rapprochement de trésorerie

A	Position de trésorerie initiale
B	Total des retraits
C	Total des encaissements
D	Flux de trésorerie net = C-B
E	Position de trésorerie de clôture = A+D

Exemple 7.3 : Tableau des flux de trésorerie de Real Estates Inc. pour la première année d'exploitation et bilan à la fin de la première année.

Question : Continuons avec les données de Real Estates Inc. présentées dans les exemples 7.1 et 7.2. Déterminez le tableau des flux de trésorerie pour la première année d'exploitation.

Réponse : Procédons pour chacune des trois composantes du tableau des flux de trésorerie en utilisant les données du compte de résultat déjà calculées dans l'exemple 7.2.

- Flux de trésorerie provenant des activités d'exploitation : Le résultat opérationnel (EBITDA) est EAT + Impôts + Intérêts + D&A ou 7 600 + 4 100 + 7 000 + 10 000 = 28 700 $. Le Flux de trésorerie opérationnel est donc EBITDA - Impôts = 28 700 -4 100 = 24 600 $.
- Flux de trésorerie provenant des activités d'investissement : Aucun investissement n'a été réalisé au cours de la première année puisque tout a été fait à la fin de l'année zéro.
- Flux de trésorerie provenant des activités de financement : Le flux de trésorerie provenant du financement comprend des charges d'intérêts pour 7 000 $; Paiement de dividendes pour 800$; le prêt à court terme détenu à l'entrepreneur remboursant 15 000 $; et le remboursement du principal du prêt. Le paiement de la rente pour l'amortissement du prêt est trouvé à l'aide de l'équation. 4.18 pour n = 25 ; k = 7% ; et Valeur présente = 100 000$; on en trouve 8 600$). Le paiement du principal est donc de 8 600 $ moins les intérêts, soit 8 600$ - 7 000$ = 1 600 $.
- Le rapprochement de trésorerie est effectué selon la procédure illustrée à la figure 8.

L'État des flux de trésorerie de Real Estates Inc. pour la première année d'exploitation est présenté ci-dessous. Les mouvements de trésorerie de l'année zéro sont également enregistrés dans un souci de clarté sur toutes les transactions de trésorerie jusqu'à la fin de la première année.

Chiffres en '000 $

Année	**0**	**1**
	-	17.6
	-	7.6
Résultat net		10.0
CF des investissments	312.9	-
Cash consumé pour le terrain	12.5	
Cash consumé pour les Buildings	300.0	
Cash consumé pour l'assurance	0.4	
CF du financement	312.9	(17.3)
Equité contribuée par les propriétaires	197.9	-
PLT (principal de l'hypothèque)	100.0	-
PCT (Retenues de garantie du Contracteur)	15.0	
Paiement de dividendes		0.8
Remboursement de principal		1.6
Remboursement de PCT		15.0
Cash et Cash équivalent net	-	0.2
Cash en début de période	312.9	-
Cash en fin de période	-	0.2
Variation nette du cash disponible	(312.9)	0.2

La détermination du compte de résultat prévisionnel et du tableau des flux de trésorerie permet de projeter également le bilan à la fin de la première année ; ceci est entrepris en utilisant une technique de **modélisation financière** comme celle décrite au chapitre 8. Le bilan projeté de Real Estates Inc. à la fin de l'année 1 est présenté ci-dessous à titre de référence.

Chiffres en '000 $

Année	**0**	**1**		**0**	**1**
Actifs fixes			Fonds des propriétaires	197.9	204.3
Terrain	12.5	12.5			
Building	300	290.0			
Actifs courants			Prêts à long terme	100	98.42
Cash	-	0.2			
Assurance	0.4	-	Passifs courants	15	-
Actifs totaux	312.9	302.7	Passifs totaux	312.9	302.7

CHAPITRE VIII

MODÉLISATION FINANCIÈRE

Le but d'un **modèle financier** est de représenter le fonctionnement d'un projet ou d'une entreprise rendant ainsi possible la prévision des états financiers. À partir de ces prévisions, les performances futures de l'entreprise peuvent être projetées sous certaines hypothèses, et une analyse de risques peut être effectuée afin d'évaluer la robustesse des résultats et aider à la prise de décision d'investissement.

1. MODÈLE FINANCIER À TROIS ÉTATS

Le type de modèle financier le plus courant est le **modèle financier à 3 états** qui relie dynamiquement les trois états financiers, le compte de résultats, le tableau des flux de trésorerie et le bilan, ce qui signifie qu'il existe des interconnexions intégrées de sorte qu'un changement dans l'un d'entre eux se reflète dans les autres, garantissant cohérence et exactitude.

Les principaux paramètres de toutes ces prévisions sont : (i) les projections de chiffre d'affaires ; (ii) les politiques de gestion concernant l'investissement, l'exploitation et le financement ; (iii) les impôts sur les sociétés applicables. Ces paramètres auront un impact sur les différentes composantes du modèle financier décrites ci-dessous.

De ce fait, un ensemble complet de composants d'un modèle financier devrait également inclure un **calendrier des amortissements**, un **calendrier du fonds de roulement** et un **calendrier de service de la dette**. Les composants sont représentés sur la figure 8.1 dans l'ordre dans lequel ils peuvent être établis.

Figure 8.1: Composants d'un modèle financier

- Plan d'amortissement
- Calendrier du fonds de roulement
- Calendrier du service de la dette
- Compte de résultat
- Tableau des flux de trésorerie
- Bilan

Dans ce chapitre, les données d'une entreprise hypothétique, New Catering Services Inc., seront utilisées pour illustrer les calculs de modélisation financière. Elles sont présentées dans l'encadré ci-dessous.

Encadré 8.1 : New Catering Services Inc.

New Catering Services Inc. est une entreprise qui a pour activité de fournir des prestations alimentaires aux entreprises. Elle a été mise en place grâce à une prise de participation initiale de 20 000 $ et une dette à long terme de 40 000 $ à un taux d'intérêt de 12%. L'entreprise a l'intention de rééchelonner la dette, de sorte qu'elle ne remboursera pas le principal mais paiera uniquement les intérêts. Elle a effectué un investissement en capital de 50 000 $ et pour chacune des années 1 à 3, elle prévoit faire un investissement en capital supplémentaire de 5 000 $. Tous les actifs ont une durée de vie économique de 5 ans. Elle a également investi en fonds de roulement pour 10 000 $. Son taux d'imposition sur les sociétés est de 29%. Il n'y aura pas de report des pertes aux fins de l'obligation fiscale. Conformément à la politique adoptée par ses propriétaires, elle fonctionnera sur la base de 30 jours pour le paiement des créanciers, 90 jours pour le recouvrement des paiements du débiteur et elle maintiendra 60 jours d'inventaire. Au terme des études de marché les prévisions de revenus sont de 40 000 $ pour l'année 1 et de 70 000 $ pour les années 2 à 5. La marge des coûts variables est de 20% et il y aura des coûts fixes pour les salaires et les loyers totalisant 21 000 $ par année. Les taux de rétention des dividendes sont de 80% pour les années 1 et 2 ; 70% pour l'année 3 ; et 50% pour les années 4 et 5. Le nombre de jours par an à des fins comptables est fixé à 360.

2. PLAN DES AMORTISSEMENTS

Le calendrier des amortissements montre les dépenses prévues pour l'amortissement et sera déterminé en fonction des éléments suivants :

- Le stock actuel d'actifs amortissables et leur durée de vie économique ;
- Les acquisitions d'immobilisations projetées de l'entreprise et leur durée de vie économique correspondante. À noter que dans les situations où il est nécessaire d'estimer les dépenses CAPEX futures, et sans données spécifiques à cet égard, elles peuvent être considérées comme un pourcentage des ventes, par exemple entre 3% et 10% pour refléter l'investissement en capital nécessaire pour soutenir la croissance ;
- La méthode d'amortissement utilisée : une méthode d'amortissement linéaire peut être utilisée de manière générale à des fins de modélisation financière.

Exemple 8.1 : Plan d'amortissement pour New Catering Services Inc.

Question : Déterminez le plan d'amortissement de New Catering Services Inc. en utilisant la méthode linéaire pour les cinq prochaines années.

Réponse : Les investissements en immobilisations et leurs charges d'amortissement sont indiqués ci-dessous. L'immobilisation nette de chaque année est également calculée.

Année	**0**	**1**	**2**	**3**	**4**	**5**
Investissement	50.0	5.0	5.0	5.0	-	-
Charges d'amortissement		10.0	10.0	10.0	10.0	10.0
			1.0	1.0	1.0	1.0
				1.0	1.0	1.0
					1.0	1.0
Total des charges d'amortissement		10.0	11.0	12.0	13.0	13.0
Montant brut des immobilisations	50.0	55.0	60.0	65.0	65.0	65.0
Amortissement cumulé	-	10.0	21.0	33.0	46.0	59.0
Montant net des immobilisations	50.0	45.0	39.0	32.0	19.0	6.0

3. CALENDRIER DU FONDS DE ROULEMENT

Le fonds de roulement total est constitué du fonds de roulement opérationnel (composé des jours débiteurs, stocks et créditeurs) plus d'autres éléments tels que la trésorerie et les quasi-liquidités, les frais payés d'avance, les impôts différés, les prêts à court terme, etc.

Le calendrier du fonds de roulement opérationnel est déterminé à partir des ventes projetées, le coût des ventes (qui sont projetés en pourcentage des revenus bruts), d'une part, et des jours créanciers, des jours débiteurs et des jours d'inventaire qui sont décidés par la direction de l'entreprise et reflètent les politiques de l'entreprise en matière de recouvrement de crédit, de paiement des factures et de maintien d'inventaire, d'autre part. Les calculs sont effectués à l'aide des formules présentées à la section 8.2 du chapitre 5 pour calculer pour chaque période future le compte à payer, le compte à recevoir et l'inventaire, ce qui conduit à la détermination du calendrier du fonds de roulement opérationnel.

Quant à la trésorerie disponible pour l'entreprise à chaque période, elle peut être déterminée à partir de la trésorerie au début de la période plus la variation de la trésorerie issue du rapprochement de trésorerie au niveau du tableau des flux de trésorerie.

Les autres éléments du fonds de roulement tels que les paiements prépayés, les impôts différés, les prêts à court terme dépendent des décisions discrétionnaires de l'entreprise et ne peuvent être inclus dans une prévision à moins qu'il ne soit clairement nécessaire de le faire pour une raison spécifique.

Exemple 8.2 : Calendrier du fonds de roulement pour New Catering Services Inc.

Question : Calculez le calendrier du fonds de roulement opérationnel de New Catering Services Inc. pour les années 1 à 5.

Réponse : En utilisant les revenus projetés et les jours débiteurs, jours inventaire et jours créanciers définis par l'entreprise, le fonds de roulement opérationnel peut être déterminé (eq. 5.5 et 5.9 à 5.11). Ceci est montré dans le tableau ci-dessous.

Chiffres en '000 $

Année	**0**	**1**	**2**	**3**	**4**	**5**
Revenus	-	40.0	70.0	70.0	70.0	70.0
Comptes débiteurs	-	10.0	17.5	17.5	17.5	17.5
Comptes créditeurs	-	0.7	1.2	1.2	1.2	1.2
Inventaires	-	1.3	2.3	2.3	2.3	2.3
Besoins en FdRO	-	10.7	18.7	18.7	18.7	18.7

4. CALENDRIER DU SERVICE DE LA DETTE

Le but du **calendrier du service de la dette** est de garder une trace de toutes les principales dettes de l'entreprise et des échéanciers correspondants des intérêts et des remboursements de principal pour chacun d'eux. Dans le cas d'un prêt amorti, la formule utilisée pour déterminer l'échéancier de la dette est celle présentée en Éq. 4.18.

Exemple 8.3 : Calendrier du service de la dette pour New Catering Services Inc.

Question : Déterminez le calendrier du service de la dette de New Catering Services Inc.

Réponse : L'entreprise ne paiera que les intérêts puisqu'elle a décidé de ne pas rembourser le principal. Le calendrier du service de la dette est présenté ci-dessous.

Chiffres en '000 $

Année	**0**	**1**	**2**	**3**	**4**	**5**
Principal dû	40.0	40.0	40.0	40.0	40.0	40.0
Dépenses en intérêts		4.8	4.8	4.8	4.8	4.8

5. PROJECTION DU COMPTE DE RÉSULTAT

5.1. Revenus bruts

La projection des revenus bruts ou des ventes est un effort fondamental qui doit être réalisé avec soin car il conditionnera tous les résultats subséquents. Les approches de la projection des revenus sont :

- Utiliser un taux de croissance des ventes pour prévoir les ventes futures en fonction du présent
- Utiliser une analyse détaillée prix-volume par segment du marché pour faire des projections des ventes

5.2. Coût des ventes

Le coût des ventes peut être calculé en utilisant une hypothèse de marge bénéficiaire brute (marge brute / chiffre d'affaires) ou de pourcentage de marge de coût de vente (coût des ventes / chiffre d'affaires). Ces hypothèses doivent être fondées sur des normes crédibles dans le secteur dans lequel l'entreprise opérera ou sur des données historiques dans le cas d'une entreprise existante.

5.3. Charges d'exploitation

Les OPEX (frais de vente, frais généraux et administratifs, et frais de R&D, redevances) sont également tirés par la croissance du chiffre d'affaires et peuvent être déterminés à l'aide d'une marge OPEX (OPEX / Chiffre d'affaires) ou, si la situation le justifie, une projection explicite basée sur la gestion de l'entreprise. La marge OPEX doit être basée sur des normes de l'industrie ou des données historiques.

À ce stade, la projection d'EBITDA peut être déterminée. La composante « Autres revenus » de l'EBITDA peut être incluse ou non en fonction de son importance et de son degré de prévisibilité.

5.4. Amortissements

Ceux-ci sont obtenus à partir du calendrier des amortissements déjà discuté dans la section 2. Une fois que l'amortissement est déterminé, l'EBIT peut être calculé.

5.5. Prévision des intérêts débiteurs

Celles-ci sont obtenues à partir du calendrier du service de la dette discuté à la section 4. Une fois terminé, les intérêts peuvent être déduits de l'EBIT projeté pour obtenir l'EBT.

5.6. Projection des taxes

Ceux-ci seront déterminés à partir de l'impôt sur les sociétés applicable, qui est un paramètre, et du bénéfice imposable projeté.

5.7. Projection du revenu net

Le revenu net peut être calculé en déduisant les redevances d'impôts du bénéfice imposable.

Exemple 8.4 : Projections du compte de résultat pour New Catering Services Inc.

Question : Quelles sont les projections du compte de résultat de New Catering Services Inc. pour les cinq prochaines années ?

Réponse : La séquence des calculs est celle décrite ci-dessus ; sur la base des données présentées dans l'encadré 8.1.

Année	0	1	2	3	4	5
Revenus		40.0	70.0	70.0	70.0	70.0
COGS		8.0	14.0	14.0	14.0	14.0
Bénéfice brut		32.0	56.0	56.0	56.0	56.0
SG&A		21.0	21.0	21.0	21.0	21.0
Amortissements		10.0	11.0	12.0	13.0	13.0
EBIT		1.0	24.0	23.0	22.0	22.0
Dépenses en intérêts		4.8	4.8	4.8	4.8	4.8
EBT		(3.8)	19.2	18.2	17.2	17.2
Impôts		-	5.6	5.3	5.0	5.0
Résultat net		(3.8)	13.6	12.9	12.2	12.2
Dividendes non distribuées		(3.8)	10.9	9.0	6.1	6.1
Dividendes distribuées		-	2.7	3.9	6.1	6.1

6. PROJECTION DU TABLEAU DES FLUX DE TRÉSORERIE

La projection du tableau des flux de trésorerie peut être réalisée selon deux méthodes. La première consiste à faire en sorte que le bilan détermine le tableau des flux de trésorerie et ce dernier est déterminé en soustrayant les variations du bilan d'une année à l'autre. La deuxième méthode consiste à faire en sorte que le tableau des flux de trésorerie détermine le bilan, c'est-à-dire que le bilan est déterminé en fonction du compte de résultat et de l'utilisation de la trésorerie pour la période. C'est une approche réputée moins sujette aux erreurs et c'est celle utilisée dans ce livre.

6.1. Flux de trésorerie d'exploitation

Le flux de trésorerie provenant des activités d'exploitation CFE est obtenu en rajoutant l'amortissement au résultat net, car il s'agit d'une dépense hors caisse, ainsi que toute autre dépense hors caisse.

6.2. Flux de trésorerie provenant des activités d'investissement

Le flux de trésorerie provenant des activités d'investissement CFI sera déterminé par la direction afin de refléter le besoin d'investissement dans des actifs productifs.

6.3. Flux de trésorerie provenant des activités de financement

Les flux de trésorerie provenant des activités de financement CFF seront déterminés par la direction pour refléter le besoin de financement, soit sous forme de bénéfices non répartis (déduits du résultat net), de levée de fonds ou de remboursement de dette.

Exemple 8.5 : Projections du Tableau des flux de trésorerie pour New Catering Services Inc.

Question : Projetez le Tableau des flux de trésorerie de New Catering Services Inc. pour les cinq prochaines années.

Réponse : En utilisant la méthodologie décrite ci-dessus, on trouve ce qui suit.

Année	**0**	**1**	**2**	**3**	**4**	**5**
Activités opérationnelles						
Résultat net	-	(3.8)	13.6	12.9	12.2	12.2
Amortissement	-	10.0	11.0	12.0	13.0	13.0
Variation en FdR opérationnel	10	0.7	8.0	-	-	-
CFE	(10.0)	5.5	16.6	24.9	25.2	25.2
Activités d'investissement						
Cash consommé pour Actifs fixes	50.0	5.0	5.0	5.0	-	-
Cash net des activités d'investisseme	50.0	5.0	5.0	5.0	0.0	0.0
Activités de financement						
Équité levée	20	-	-	-	-	-
Augmentation en passifs LT	40	-	-	-	-	-
Dividendes payées		-	2.7	3.9	6.1	6.1
Cash net des activités de financemen	60	-	(2.7)	(3.9)	(6.1)	(6.1)
Cash et équivalent-cash net	-	0.5	8.9	16.0	19.1	19.1
Trésorerie en début de période	60	-	0.5	9.4	25.5	44.6
Trésorerie en fin de période	-	0.5	9.4	25.5	44.6	63.7
Variation nette en trésorerie	(60)	0.5	8.9	16.0	19.1	19.1

7. Projection du Bilan

7.1. Immobilisations

La valeur comptable des immobilisations est déterminée à partir du Plan d'amortissement.

7.2. Actifs courants

Les actifs courants sont déterminés à partir du compte débiteur et de l'inventaire déjà calculés dans le calendrier du fonds de roulement opérationnel. L'actif de trésorerie résultera du rapprochement du tableau des flux de trésorerie basé sur la trésorerie au début de la période et la variation nette de la trésorerie.

7.3. Fonds des propriétaires

Cela dépendra des activités de financement déterminées par la direction et déjà prises en compte dans le tableau des flux de trésorerie.

7.4. Passifs à long terme

Cela dépendra des activités de financement déterminées par la direction et déjà prises en compte dans le tableau des flux de trésorerie.

7.5. Passifs à court terme

Le passif courant dépendra des comptes fournisseurs qui font partie du calendrier du fonds de roulement d'exploitation et de tout financement à court terme décidé par la direction.

Exemple 8.6 : Projections du bilan de New Catering Services Inc.

Question : Déterminez le bilan prévisionnel de New Catering Services Inc. pour les cinq prochaines années.

Réponse : Le bilan est établi sur la base des projections du compte de résultat et du tableau des flux de trésorerie comme suit en utilisant le format des capitaux employés.

Chiffres en '000 $

Année	**0**	**1**	**2**	**3**	**4**	**5**
Immobilisations nettes	50.0	45.0	39.0	32.0	19.0	6.0
Actifs courants	10.0	11.2	28.1	44.2	63.3	82.4
Cash	-	0.5	9.4	25.5	44.6	63.7
FdR opérationnel	10.0	10.7	18.7	18.7	18.7	18.7
Capital employé	**60.0**	**56.2**	**67.1**	**76.2**	**82.3**	**88.4**
Fonds des propriétaires	20.0	16.2	27.1	36.2	42.3	48.4
Équité	20.0	20.0	20.0	20.0	20.0	20.0
Résultats non distribués	-	(3.8)	7.1	16.2	22.3	28.4
Prêts à long terme	40.0	40.0	40.0	40.0	40.0	40.0
Source des fonds	**60.0**	**56.2**	**67.1**	**76.2**	**82.3**	**88.4**

Et en utilisant le format à cinq cases :

Chiffres en '000 $

Année	**0**	**1**	**2**	**3**	**4**	**5**
Actifs						
Total des actifs courants	10.0	11.9	29.3	45.3	64.4	83.5
Cash	-	0.5	9.4	25.5	44.6	63.7
Comptes débiteurs		10.0	17.5	17.5	17.5	17.5
Inventaire		1.3	2.3	2.3	2.3	2.3
FdR opérationnel net	10.0					
Immobilisations nettes	50.0	45.0	39.0	32.0	19.0	6.0
Actifs totaux	**60.0**	**56.9**	**68.3**	**77.3**	**83.4**	**89.5**
Passif						
Passifs à court terme	-	0.7	1.2	1.2	1.2	1.2
Comptes créditeurs	-	0.7	1.2	1.2	1.2	1.2
Passifs à long terme	40.0	40.0	40.0	40.0	40.0	40.0
Prêts	40.0	40.0	40.0	40.0	40.0	40.0
Total passif	40.0	40.7	41.2	41.2	41.2	41.2
Équité des propriétaires						
Équité investie	20.0	20.0	20.0	20.0	20.0	20.0
Résultats non distribués		(3.8)	10.9	9.0	6.1	6.1
Équité totale	20.0	16.2	27.1	36.2	42.3	48.4
Passifs totaux	**60.0**	**56.9**	**68.3**	**77.3**	**83.4**	**89.5**

CHAPITRE IX

ANALYSE DES PERFORMANCES

L'analyse des rapports financiers des entreprises est réalisée sous différents angles. Les propriétaires d'entreprise chercheront à évaluer la croissance de la valeur de l'entreprise, c'est-à-dire le prix des actions en bourse s'il s'agit d'une société cotée, et les rendements sous forme de dividendes. Les prêteurs chercheront à s'assurer que tout capital de prêt qu'ils consentent sera remboursé avec les intérêts dus, ce qui renvoie à la solvabilité, la liquidité et la capacité de génération de trésorerie de l'entreprise. Les directeurs d'exploitation voudront maximiser l'efficacité de l'entreprise dans le processus de production en utilisant ses actifs, ce qui se mesure par la relation entre le profit ou le résultat net et la valeur des actifs utilisés, en d'autres termes le rendement des actifs. Les investisseurs potentiels examineront la capacité de l'entreprise à innover, à rester pertinente et à se développer pour créer plus de valeur pour ses propriétaires. Par conséquent, plusieurs parties prenantes auront une perspective différente sur la même entreprise en utilisant différentes approches et catégories de mesures de la performance.

L'**analyse des ratios** et l'**analyse des tendances** sont les deux principales méthodes d'évaluation des informations contenues dans les états financiers.

L'analyse des tendances consiste à tracer l'évolution de la valeur d'une statistique ou d'un paramètre d'un état financier au fil du temps à des fins de comparaison d'une période à l'autre. Par exemple, la croissance des ventes ou des bénéfices d'une année à l'autre est évaluée par l'analyse des tendances.

L'analyse des ratios est basée sur le calcul des ratios entre les combinaisons de valeurs des états financiers à des fins de comparaison entre entreprises, avec des concurrents d'un même secteur, ou par rapport à un objectif ou une norme, par rapport au passé, etc. Les ratios commerciaux donnent une image de la santé financière de l'entreprise et aident à surveiller et à évaluer la performance de toute entreprise commerciale. Il est important de garder à l'esprit que si les ratios d'affaires constituent les éléments du tableau de bord pour toute gestion d'entreprise, le but de l'analyse des ratios d'affaires est de piloter l'entreprise, le calcul des ratios n'est pas une fin en soi.

Les cinq familles de ratios comptables sont :

- Ratios de rentabilité
- Ratios de liquidité
- Ratios d'activité
- Ratios de solvabilité
- Ratios de valeur boursière

Ceux-ci sont discutés ci-après.

1. Ratios de rentabilité

La performance de rentabilité est mesurée à travers différents types de marges bénéficiaires, qui expriment diverses mesures du profit en pourcentage des ventes ; le rendement des actifs, qui relient le profit à la valeur des actifs utilisés ; et le rendement des capitaux propres, qui ont trait à la rémunération reçue par l'investisseur. La notion plus large de **retour sur investissement**, qui recouvre les notions de **rendement des actifs** et de **rendement des capitaux propres**, sera également présentée.

1.1. Ratios de marge bénéficiaire

Les marges bénéficiaires relient les diverses mesures du profit aux ventes en pourcentage. Dans l'ensemble, il existe quatre niveaux de profit : bénéfice brut (revenus bruts – COGS) ; bénéfice d'exploitation (EBIT) ; bénéfice avant impôt (EBT) ; et bénéfice après impôts (EAT). Par conséquent, on a les ratios suivants, qui ont tous la même règle d'interprétation à savoir plus ils sont élevés, mieux c'est.

- **Marge brute**

$$Marge\ bénéficiaire\ brute = \frac{Bénéfice\ brut}{Revenus\ bruts} \quad (9.1)$$

La marge brute en pourcentage des ventes constitue une mesure de la valeur ajoutée apportée par l'entreprise aux intrants et aux services.

- **Marge bénéficiaire d'exploitation**

$$Marge\ bénéficiaire\ d'exploitation = \frac{EBIT}{Revenus\ bruts} \quad (9.2)$$

Le bénéfice d'exploitation en pourcentage du chiffre d'affaires constitue une mesure de l'efficacité de l'entreprise en ce qui concerne ses opérations avant frais de financement et impôts.

- **Marge du bénéfice net avant impôts**

$$Marge\ nette\ avant\ impôts = \frac{Bénéfice\ imposable}{Revenus\ bruts} \quad (9.3)$$

Le bénéfice net avant impôts en pourcentage des ventes constitue une mesure de l'efficacité commerciale une fois les coûts de financement pris en compte.

- **Marge bénéficiaire nette après impôts**

$$Marge\ nette\ après\ impôts = \frac{Résultat\ net}{Revenus\ bruts} \quad (9.4)$$

Le bénéfice net après impôts en pourcentage du chiffre d'affaires est une mesure de l'efficacité de l'entreprise en matière de création de valeur et de ses capacités pour réinjecter des fonds dans l'entreprise ou distribuer des dividendes.

1.2. Rendement des actifs

La performance de rentabilité de l'entreprise et son efficacité dans l'utilisation de ses actifs sont mesurées par différents ratios de rentabilité qui relient généralement les bénéfices (avant ou après impôts) à la valeur des actifs. Ils reflètent le rendement des actifs ou le retour sur investissement. Ils lient généralement les mesures de profit, par ex. le bénéfice avant intérêts et impôt (EBIT), bénéfice avant impôt (EBT) et le résultat net (EAT) aux mesures d'investissement, par ex. les actifs totaux, le capital employé et la valeur nette. Les deux mesures de performance de rentabilité fondamentales sont le **rendement du total des actifs** (ROTA) et le **rendement des capitaux propres** (ROE), qui seront également examinés ci-dessous.

- **Le rendement des actifs**

$$ROA = \frac{Résultat\ net}{Actifs\ totaux} \qquad (9.5)$$

Le ROA (de l'anglais *Return on assets*) est le rapport entre le bénéfice net et le total des actifs et mesure l'efficacité des actifs ; plus le ROA est élevé, plus les actifs sont utilisés efficacement.

- **Rendement de l'actif net**

$$RONA = \frac{Résultat\ net}{Actifs\ nets} \qquad (9.6)$$

Où les **actifs nets** sont les immobilisations plus le fonds de roulement (RONA est l'acronyme de l'anglais *Return on net assets*).

- **Retour sur capitaux employés**

Les **capitaux employés** sont le total de l'actif moins les passifs courants, ce sont les fonds à long terme dont dispose l'entreprise (il se compose de fonds des propriétaires et de prêts à long terme). Le retour sur capitaux employés ROCE (de l'anglais *Return on capital employed*) est obtenu comme suit :

$$ROCE = \frac{EBIT}{Capital\ employé} \quad (9.7)$$

Le ROCE mesure la rentabilité en pourcentage des fonds à long terme investis dans l'entreprise.

- **Retour sur capital investi**

$$ROIC = \frac{NOPAT}{Capital\ investi} \quad (9.8)$$

Où NOPAT est le Bénéfice d'exploitation net après impôts (de l'anglais *Net operating profit after tax*) ; NOPAT = EBIT (1 - taux d'imposition) ; et le **capital investi** est qui est lui-même le capital employé moins les actifs en trésorerie.

- **Rendement de l'actif total**

$$ROTA = \frac{EBIT}{Actifs\ totaux} \quad (9.9)$$

ROTA (de l'anglais *Return on total assets*) combine les informations du compte de résultats au numérateur et du bilan au dénominateur ; c'est une mesure clé de l'efficacité de l'entreprise dans l'utilisation de ses actifs. Le ROTA est une mesure avant impôt contrairement au ROE décrit ci-dessous.

ROTA peut s'écrire :

$$ROTA = \frac{EBIT}{Revenus\ bruts} \text{x} \frac{Revenus\ bruts}{Actifs\ totaux} = Marge\ bénéficiaire * Rotation\ des\ actifs \quad (9.10)$$

Où le **taux de rotation des actifs** est le ratio Revenus bruts / Actifs totaux. Le ROTA peut être augmenté soit en augmentant la marge bénéficiaire, soit en augmentant la rotation des actifs.

L'augmentation de la rotation des actifs est appelée « faire transpirer les actifs » (en anglais *sweating the assets*) en termes d'utilisation du capital.

1.3. Rendement des capitaux propres

Le ROE (de l'anglais *Return on equity*) est le rendement des capitaux propres et il mesure le rendement des capitaux propres des actionnaires.

$$ROE = \frac{Résultat\ net}{Fonds\ propres} \tag{9.11}$$

Le ROE est le rapport entre le bénéfice net et les capitaux propres. Il met en jeu deux chiffres provenant respectivement du compte de résultat et du bilan. Le ROE mesure la rentabilité de l'entreprise par rapport aux fonds des investisseurs. Le ROTA et le ROE sont considérés comme les mesures de performance les plus pertinentes pour une entreprise.

Le ROE peut également être écrit comme suit :

$$ROE = \frac{Résultat\ net}{Fonds\ propres} = \frac{Résultat\ net}{Actifs\ totaux} \text{ x } \frac{Actifs\ totaux}{Fonds\ propres} \tag{9.12}$$

Compte tenu de la définition du ROA donnée par l'éq. 9.5 nous avons :

$$ROE = ROA\ x\ Multiplicateur\ d'Équité \tag{9.13}$$

Où le **multiplicateur d'équité** est le rapport entre l'actif total et les fonds des propriétaires.

$$Multiplicateur\ d'Équité = \frac{Actifs\ totaux}{Fonds\ propres} = \frac{1}{1 - Ratio\ d'endettement} \tag{9.14}$$

Où

$$Ratio\ d'endettement = \frac{Passifs\ totaux}{Actifs\ totaux} \tag{9.15}$$

1.4. Retour sur investissement

Le ROI (de l'anglais *Return on investment*) est un terme générique qui inclut ROTA et ROE. Ce sont les deux éléments de concentration du manager pour améliorer ses performances. ROTA et ROE mesurent la performance financière de l'entreprise. Le ratio ROTA mesure la performance des opérations de l'entreprise et le ratio ROE mesure la performance de l'entreprise du point de vue de l'investisseur.

1.5. Analyse Dupont

Dans l'**analyse Dupont**, le ROE est ventilé en trois sous-composantes :

$$ROE = \frac{Résultat\ net}{Ventes} * \frac{Ventes}{Actifs\ totaux} * \frac{Actifs\ totaux}{Équité} \quad (9.16)$$

$$ROE = Marge\ bénéficiaire * Rotation\ des\ actifs\ totaux * Multiplicateur\ d'Équité \quad (9.17)$$

L'analyse Dupont montre que l'entreprise peut améliorer ses performances en augmentant sa marge bénéficiaire, en augmentant la rotation des actifs ou en augmentant l'utilisation de la dette (ce qu'il faut faire judicieusement cependant, car trop de dette nuit au résultat net et à la marge bénéficiaire).

Exemple 9.1: Ratios de rentabilité de New Catering Services Inc.

Question : Les états financiers pro forma de New Catering Services Inc. pour cinq ans ont été déterminés au chapitre 8. Montrez l'évolution des ratios de rentabilité projetés.

Réponse : Les ratios sont calculés selon les équations ci-dessus et sont illustrés ci-après.

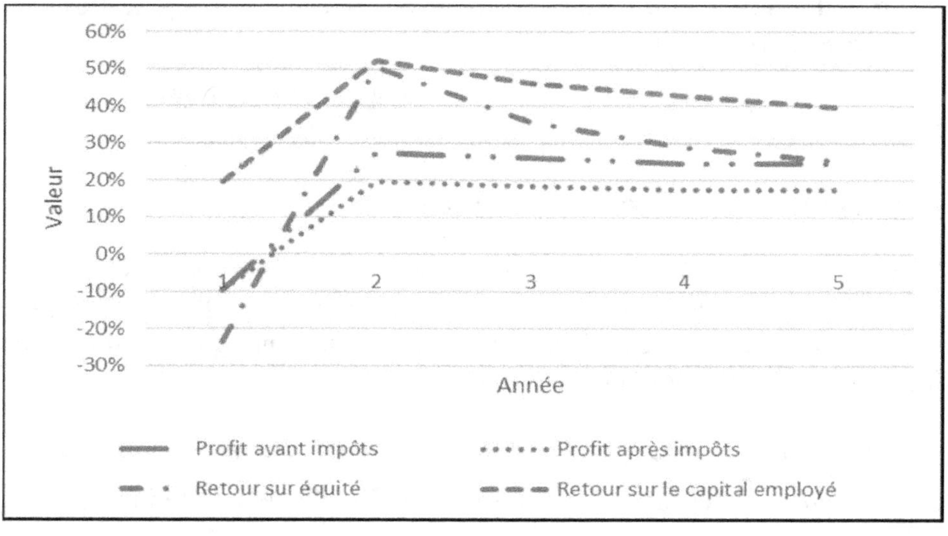

2. RATIOS DE LIQUIDITÉ

Avoir un niveau de liquidité suffisant est essentiel à la survie de l'entreprise, car l'incapacité d'effectuer des paiements à court terme aux employés, aux fournisseurs ou aux banquiers conduit à l'échec.

2.1. Ratio du fonds de roulement

Le **ratio du fonds de roulement** *(current ratio* en anglais*)* mesure les actifs convertibles rapidement en cash tels que inventaires, comptes débiteurs, cash et équivalent-cash, vis-à-vis des passifs courants. Le ratio de fonds de roulement doit être supérieur à 1 : 1 pour que l'entreprise soit suffisamment liquide et puisse rembourser ses dettes.

$$Ratio\ du\ fonds\ de\ roulement = \frac{Actifs\ courants}{Passifs\ courants} \qquad (9.18)$$

2.2. Ratio de trésorerie

La position de liquidité à court terme de la société est évaluée par la comparaison de ses actifs liquides avec ses passifs courants par le biais du **ratio de trésorerie**, (*quick ratio* en anglais), également appelé test d'acide (*Acid-test ratio* en anglais)

$$Ratio\ de\ trésorerie = \frac{Actifs\ courants - Inventaires - Dépenses\ prépayées}{Passifs\ courants} \qquad (9.19)$$

2.3. Circulation du fonds de roulement

Cela mesure l'efficacité globale avec laquelle le fonds de roulement est utilisé et est égal au ratio ventes / fonds de roulement. Plus le fonds de roulement est renouvelé rapidement, par ex. via la vente d'inventaires, plus les chances de faire des bénéfices augmentent.

Exemple 9.2 : Ratios de liquidité pour New Catering Services Inc.

Question : Déterminez les ratios de liquidité de New Catering Services Inc.

Réponse : En utilisant les équations ci-dessus, on obtient la figure ci-dessous.

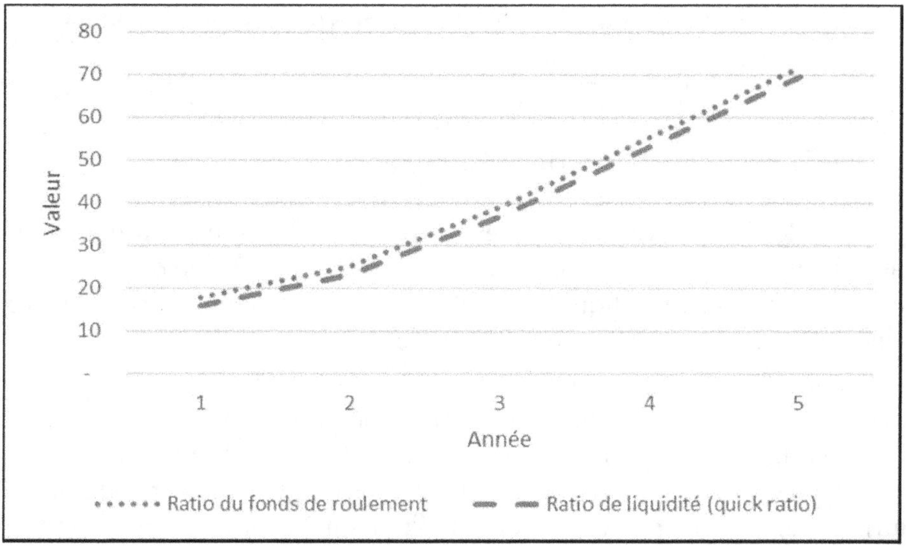

3. Ratios d'activité

Ceux-ci sont également appelés ratios d'utilisation des actifs.

3.1. Période moyenne de collecte

Il s'agit de la durée moyenne de recouvrement des créances. C'est la même chose que les jours débiteurs vus au chapitre 5.

3.2. Délai moyen de paiement

Il s'agit de la durée moyenne de paiement des créanciers. C'est la même chose que les jours créditeurs vus au chapitre 5.

3.3. Jours de détention des stocks

Il s'agit de la durée moyenne de conservation des produits en stock. C'est la même chose que les jours d'inventaire vus au chapitre 5.

3.4. Rotation des stocks

Cela mesure la fréquence de rotation des stocks au cours de l'année.

$$Rotation\ des\ stocks = \frac{COGS}{Inventaires} \qquad (9.20)$$

3.5 Cycle de conversion de trésorerie

Le **cycle de conversion de trésorerie** montre comment la dynamique entre l'inventaire, les comptes clients et les comptes créditeurs reflète l'efficacité et affecte la liquidité de l'entreprise. Ces derniers sont les trois principales composantes du fonds de roulement.

Comme l'illustre la figure 9.1, le cycle de conversion de trésorerie est la période moyenne qui s'écoule entre le moment où l'entreprise paie en espèces à ses fournisseurs (pour la matière première acquise) et le moment où elle recueille des espèces auprès de ses clients (découlant de la vente du produit fini). Il répond à la question de savoir à quelle vitesse une entreprise transformera en moyenne les matières premières en profit liquide, car la vente est effectuée pour récupérer les coûts plus bénéfices. Cela témoigne de l'efficacité de l'entreprise.

Figure 9.1 : Cycle de conversion de trésorerie

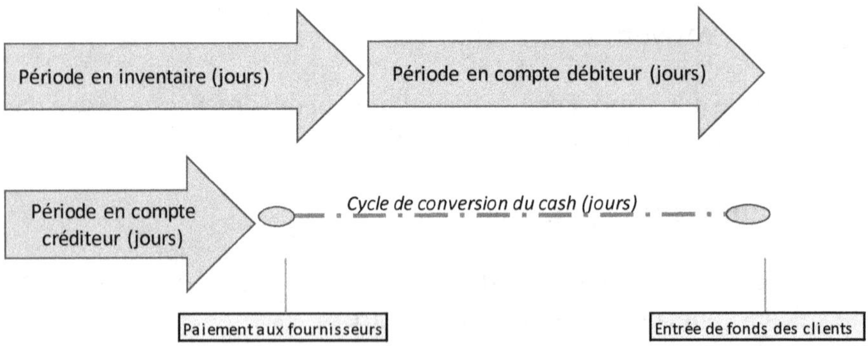

Le **cycle de conversion de trésorerie** est calculé comme suit :

Cycle de conversion de trésorerie = jours d'inventaire + jours débiteurs - jours créanciers

Pendant la période des comptes fournisseurs, le produit est préfinancé (au profit de l'entreprise) par les fournisseurs et pendant le cycle de conversion de trésorerie, le produit est préfinancé (au profit du client) par l'entreprise. Le but de la direction est bien entendu de réduire le cycle de conversion de trésorerie dans la mesure du possible car plus le cycle de conversion de trésorerie est long, plus l'entreprise préfinance ses clients longtemps et a des liquidités retenues aux opérations de manière improductive. Cela renvoie à la notion de liquidité de l'entreprise et un long cycle de conversion de trésorerie est une cause fréquente de faillite d'entreprise.

4. Ratios de solvabilité

Les ratios d'endettement ou de solvabilité mesurent la gestion du passif à long terme de l'entreprise.

4.1. Couverture des intérêts

$$Couverture\ des\ intérêts = \frac{EBIT}{Frais\ d'intérêts} \quad (9.21)$$

La **couverture des intérêts** reflète la capacité de l'entreprise à payer ses charges d'intérêt ; elle dépend du résultat opérationnel, du montant total des emprunts et du taux d'intérêt effectif. Une valeur d'au moins 2 est généralement considérée acceptable, et quand c'est moins de 1 cela reflète une mauvaise santé financière car il y a risque de défaut de paiement des charges d'intérêts.

4.2. Ratio dette / capitaux propres

La solidité financière est une mesure de la capacité de l'entreprise à résister aux revers d'exploitation. Dans les entreprises à fort endettement, les intérêts représentent une part importante des bénéfices avant intérêts.

Le **ratio de la dette aux capitaux propres** est l'un des ratios les plus fondamentaux utilisés en finance d'entreprise.

$$Ratio\ dette\ sur\ capitaux\ propres = \frac{Passifs\ totaux}{Équité} \quad (9.22)$$

La définition la plus courante de la dette est la somme des emprunts à long terme plus les prêts à court terme uniquement, ce qui signifie que toutes les dettes portant intérêt sont incluses. Les emprunts à long terme plus le passif circulant donnent une vue instantanée du financement total du bilan.

4.3. Effet de levier

L'**effet de levier** mesure l'injection de prêts à long terme dans le financement de l'entreprise.

$$Effet\ de\ levier = \frac{Dette\ à\ long\ terme}{Équité} \quad (9.23)$$

Les entreprises dont le flux de revenus bruts est très prévisible, comme dans le secteur de l'immobilier, sont généralement fortement endettées. Ceux des secteurs volatiles tels que l'exploration minière sont principalement financés par des capitaux propres.

5. Ratios de valeur boursière

La valeur d'une société cotée dépend du marché boursier et divers ratios sont utilisés pour l'évaluation. La **capitalisation boursière** est la valeur de l'entreprise en bourse :

$$Capitalisation\ en\ bourse = Valeur\ des\ actions\ x\ Nombre\ d'actions \quad (9.24)$$

5.1. Bénéfice par action

$$Bénéfice\ par\ action = \frac{Résultat\ net}{Nombre\ d'actions} \quad (9.25)$$

Le **bénéfice par action** est le bénéfice net divisé par le nombre d'actions en circulation ; il s'agit du bénéfice après impôt divisé par le nombre d'actions ordinaires émises.

5.2. Dividendes par action

C'est le rapport entre les dividendes divisés et le nombre d'actions ordinaires.

$$Dividende\ par\ action = \frac{Dividendes\ distribuées}{Nombre\ d'actions} \qquad (9.26)$$

5.3. Couverture des dividendes

$$Couverture\ des\ dividendes = \frac{Gain\ par\ action}{Dividendes\ par\ action} = \frac{Résultat\ net}{Dividendes\ distribuées} \qquad (9.27)$$

La **couverture des dividendes** est le ratio du gain par action sur les dividendes par action, ce qui est équivalent au résultat net sur les dividendes distribués. Il s'agit d'une mesure du rendement que l'actionnaire obtient sur l'investissement, égal au revenu net divisé par les dividendes. Plus le ratio est élevé, plus il y a de bénéfices non répartis pour le financement de la croissance.

5.4. Rendement par action

$$Rendement\ par\ action = \frac{Dividende\ par\ action}{Prix\ par\ action} \qquad (9.28)$$

Le rendement par action est le dividende par action divisé par le prix par action.

5.5. Taux de distribution

$$Taux\ de\ distribution = \frac{Dividende\ par\ action}{Gain\ par\ action} = \frac{Dividendes\ distribuées}{Résultat\ net} \qquad (9.29)$$

Le **taux de distribution** correspond aux dividendes en pourcentage des bénéfices.

5.6. Ratio cours / bénéfice

$$Ratio\ cours : bénéfices = \frac{Prix\ de\ l'action}{Gain\ par\ action} \quad (9.30)$$

Le ratio cours / bénéfice est le cours de l'action divisé par le bénéfice par action. Cela exprime la valeur marchande attribuée à l'attente de bénéfices futurs.

5.7. Ratio cours / valeur comptable

$$Ratio\ cours : valeur\ comptable = \frac{Capitalisation\ boursière}{Total\ des\ fonds\ ordinaires} \quad (9.31)$$

Le ratio cours/valeur comptable est le ratio de la capitalisation boursière sur le total des fonds ordinaires et informe sur la confiance placée par le marché sur l'action de l'entreprise.

6. RAPPORTS COMBINÉS

Une combinaison de ratios peut être utilisée pour se forger une opinion sur la situation financière d'une entreprise à tout moment. L'Altman Z-Score, par exemple, est une combinaison de ratios qui aide à prédire la susceptibilité d'une entreprise d'évoluer vers la faillite.

Pour les entreprises cotées en bourse :

http://www.creditguru.com/index.php/bankruptcy-and-insolvency/altman-z-score-insolvency-predictor

Pour les entreprises privées :

http://www.creditguru.com/index.php/bankruptcy-and-insolvency/altman-z-score-insolvency-predictor-for-private-firms

7. ANALYSE DES TENDANCES

L'analyse des tendances est une approche basée sur des comparaisons d'une année sur l'autre, par ex. d'éléments du compte de résultat tels que les ventes ou les bénéfices. C'est une approche utilisée pour comparer un paramètre pour un trimestre au même trimestre l'année précédente. La croissance pour une année en cours est : Année en cours / Année précédente -1. Les ratios peuvent être indexés, par ex. aux prix à la consommation, pour tenir compte de l'inflation en comparant les tendances.

CHAPITRE X

ANALYSE DE RISQUES

Comme on l'a vu dans les chapitres précédents, la décision d'investir dans un projet dépendra des valeurs projetées des critères d'évaluation tels que la VAN. L'atteinte de la VAN projetée n'est pas une évidence car elle dépendra de la variabilité des constituants des états financiers du projet, ces variations étant sources de risques.

De même une fois la décision d'investir prise, les variations au cours des phases de mise en œuvre et d'exploitation du projet représentent des risques qu'il faut quantifier et dont il faut évaluer les impacts.

Dans les deux cas de figure, que ce soit avant ou après la décision d'investissement, il est important que l'analyste financier soit en mesure de quantifier l'impact des changements incontrôlables sur les performances du projet, et ce, en utilisant le modèle financier du projet.

Il est important de distinguer la notion de **risque** de la notion d'**incertitude**. Le risque est lié au degré de variabilité ou de dispersion des résultats sur un indicateur de performance du projet. L'incertitude est liée au déficit d'information sur le comportement des causes qui impactent la performance de l'indicateur. En investissant dans les données et l'analyse, on cherche à sortir d'une situation d'incertitude et à évoluer vers une situation de risques quantifiables, ce qui a bien sûr des impacts sur les coûts.

1. Typologie des risques

Une entreprise est confrontée à diverses sources de risque, notamment :

- ✓ **Risques commerciaux** qui se traduisent par une variabilité des revenus et des coûts, des tendances du secteur d'activité du projet, des risques d'acquisition de matière première, des risques liés à l'inflation qui doit se refléter dans le prix et peut donc affecter les ventes
- ✓ **Risques d'investissement** liés à la variabilité de l'estimation du CAPEX, aux retards dans la mise en œuvre du projet, aux risques technologiques liés à la mise au point et à l'adaptation des équipements, aux risques liés à la maîtrise des coûts d'exploitation et de maintenance
- ✓ **Risques de financement** liés à l'évolution des risques de taux d'intérêt et de liquidité
- ✓ **Risques financiers** résultant de la combinaison des risques commerciaux, d'investissement et de financement
- ✓ **Risques pays** liés à la macroéconomie et à la qualité de la gouvernance économique
- ✓ **Risques politiques** liés à la nationalisation et à l'évolution du cadre réglementaire
- ✓ **Cas de force majeure** liés à des évènements hors de tout contrôle e.g. séismes, inondations

Les risques sont également liés à l'étape de la vie du projet. Par exemple, les modalités de financement sont généralement différentes pendant la phase de mise en œuvre ou de construction par rapport à la phase d'exploitation ou après la construction (dans ce dernier cas, on parle de financement permanent). Ainsi, les risques de financement seront différents au cours des deux phases car lors de la construction du projet il y a un risque supplémentaire de ne pas terminer le projet.

Les sources de risques se traduisent par une variation des hypothèses qui conditionnent la viabilité du projet. Ils peuvent également se traduire par une variation des valeurs des éléments constitutifs des données financières du projet et leur effet peut être évalué à travers le modèle financier du projet.

L'analyse de risques visera à quantifier les risques en termes de perte potentielle pour le projet si l'un ou l'autre risque se matérialise, et à déterminer comment le risque peut être prévenu et géré ou atténué par des dispositifs techniques ou organisationnels, contrats d'assurance ou des montages financiers. Le contrôle et l'atténuation d'un risque ont toujours un coût et il est important de le prendre en compte.

2. DIAGRAMMES D'INFLUENCE

Les **diagrammes d'influence** sont une approche pour déterminer et illustrer visuellement la relation entre les entrées et les sorties d'un modèle. Ils aident à comprendre les intrants clés et le processus qui mène à un critère objectif. Ils sont une représentation visuelle d'un modèle, qui peut être un modèle de décision ou un modèle financier, mettant en évidence les facteurs clés sur lesquels le décideur ou l'analyste a une influence et comment leur valeur peut affecter le résultat.

Le diagramme peut être utilisé pour vérifier que les bonnes relations de causalité ont été prises en compte et que toutes les variables d'entrée ont été incluses. Ils peuvent être utilisés pour rendre les modèles financiers plus intuitifs et plus transparents, facilitant l'audit et l'analyse de risques, rendant le modèle plus efficace.

Un diagramme d'influence est développé à partir de la sortie (par exemple, la VAN du projet) et en allant vers l'amont pour voir de quoi dépend chaque élément déterminant et s'il finit par être un intrant ou le résultat d'un calcul. Le processus se poursuit jusqu'à ce que toutes les variables externes soient les entrées du modèle. Le résultat du modèle est une image des variables indépendantes et dépendantes et de la relation entre elles (voir figure 10.1 ci-dessous).

Figure 10.1 : Diagramme d'influence pour la prise de décision basée sur la VAN

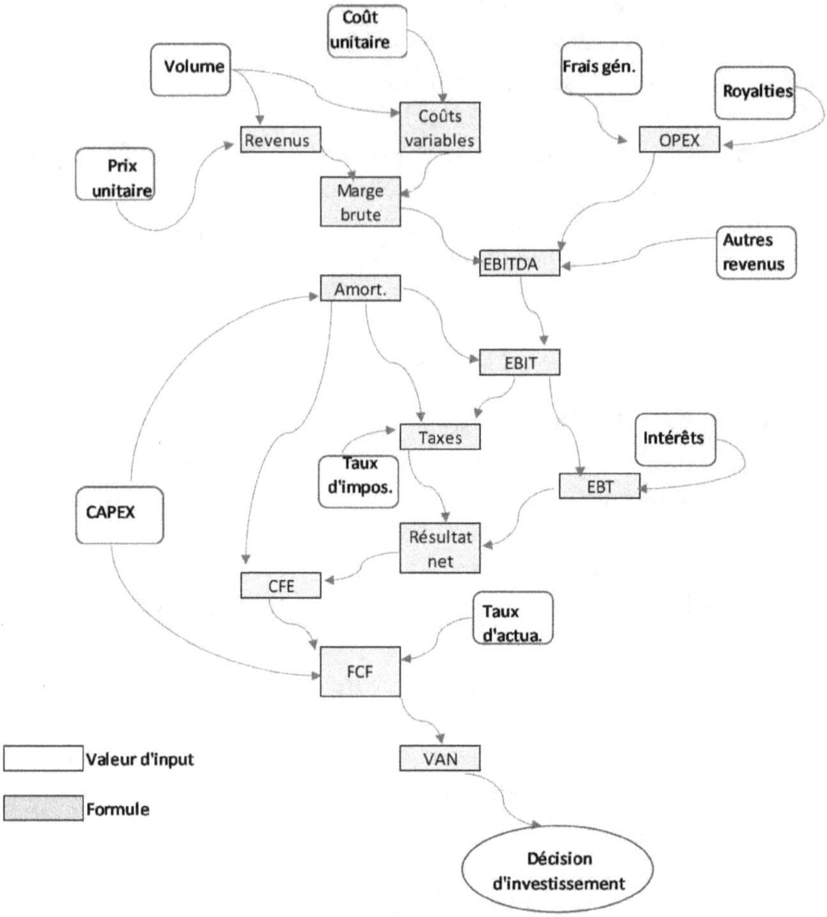

3. ANALYSE DE SENSIBILITÉ

L'importance de la modélisation réside non seulement dans les résultats de performance projetés, mais aussi dans les connaissances acquises sur le fonctionnement de l'Entreprise. L'**analyse de sensibilité** est l'une des méthodes permettant d'obtenir des informations. Elle consiste à vérifier la sensibilité des sorties du modèle aux changements des entrées du modèle.

Dans la pratique, l'analyse de sensibilité vise à voir l'impact sur une mesure de performance critique par des changements dans un ou deux intrants influents. Par exemple, comment la VAN sera affectée par la variation du taux d'actualisation ou comment le bénéfice par action projeté changera en raison de changements dans la croissance des revenus et la marge bénéficiaire brute. Mathématiquement parlant, l'analyse de sensibilité correspond au concept de dérivées partielles. Le niveau de sensibilité est calculé en pourcentage de variation par rapport au cas de base.

Exemple 10.1: Super Translation Services Inc.

Question : L'entreprise Super Translation Services Inc. offre des services de traduction et de révision de documents. Elle prévoit des ventes de 300 000 mots par an au prix unitaire de 0,25 $ le mot. La marge de coûts variables est de 60% pour les traducteurs sous-traités. Les coûts fixes comprennent le loyer et les services eau et électricité pour 26 000 $, les salaires pour 18 000 $. Il y a eu un investissement en capital pour du matériel informatique de 5 000 $ et des logiciels pour 3 000 $. Celles-ci sont amorties respectivement sur 5 et 3 ans. La valeur de récupération après impôt de l'équipement informatique est de 300 $. L'impôt sur les sociétés est de 35% et le taux d'actualisation est de 25%. Effectuer une analyse de sensibilité de la VAN.

Réponse : Les calculs des flux de trésorerie disponibles projetés sur 5 ans sont présentés dans le tableau ci-dessous.

Année	**0**	**1**	**2**	**3**	**4**	**5**
Revenus		62,500	62,500	62,500	62,500	62,500
Coûts variables		40,625	40,625	40,625	40,625	40,625
Marge brute		21,875	21,875	21,875	21,875	21,875
Coûts fixes		26,000	26,000	26,000	26,000	26,000
Amortissements		2,000	2,000	2,000	1,000	1,000
EBIT		(6,125)	(6,125)	(6,125)	(5,125)	(5,125)
Impôts @ 35%		(2,144)	(2,144)	(2,144)	(1,794)	(1,794)
NOPAT		(3,981)	(3,981)	(3,981)	(3,331)	(3,331)
Flux de trésorerie d'exploitation		(1,981)	(1,981)	(1,981)	(2,331)	(2,331)
CAPEX	(11,200)					
Valeur de revente (net d'impôt)						300
Flux de trésorerie disponible	(11,200)	(1,981)	(1,981)	(1,981)	(2,331)	(2,031)

L'analyse de sensibilité est illustrée ci-dessous. Il s'agit de la sensibilité de la VAN aux variations de divers intrants (+ 20% et -20% par rapport au cas de base).

Variation (en %)	-40%	-20%	0%	20%	40%
Taux d'actualisation	15%	20%	25%	30%	35%
VAN	2,837	1,680	715	(99)	(791)
Prix	0.15	0.20	0.25	0.30	0.35
VAN	(20,262)	(9,773)	715	11,203	21,691
Volume	180,000	240,000	300,000	360,000	420,000
VAN	(20,262)	(9,773)	715	11,203	21,691
Coûts fixes	15,600	20,800	26,000	31,200	36,400
VAN	18,894	9,805	715	(8,375)	(17,465)
Marge des coûts variables	36%	48%	60%	72%	84%
VAN	32,179	16,447	715	(15,017)	(30,750)
Investissement en capital	4,800	6,400	8,000	9,600	11,200
VAN	3,915	2,315	715	(885)	(2,485)

Présentation graphique des résultats :

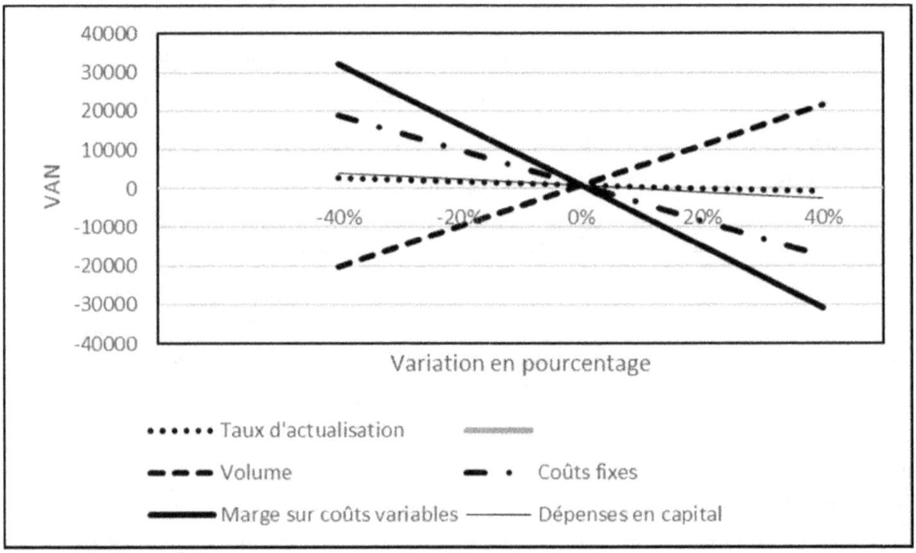

Sous la forme d'un diagramme tornade :

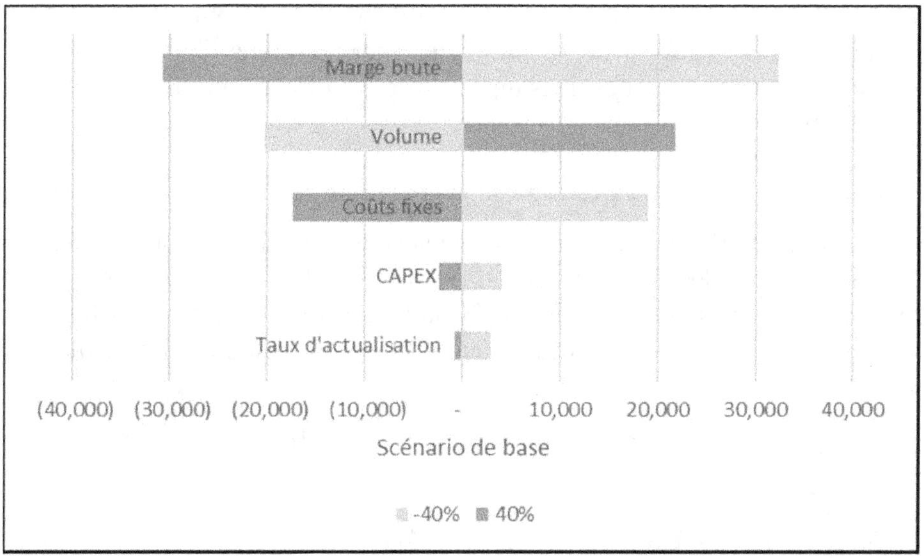

Une approche courante dans l'analyse commerciale consiste à déterminer les deux variables les plus influentes, puis l'**espace d'opportunité** est divisé en régions dans un diagramme d'espace bidimensionnel pour montrer les compromis possibles.

À la suite d'une analyse de sensibilité, la direction peut décider d'allouer des ressources supplémentaires, si nécessaire, pour améliorer la fiabilité de la variable critique. L'exemple 10.1 illustre la sensibilité de la VAN projetée à deux principales variables critiques, à savoir le volume de vente et les coûts variables. Par conséquent, la fiabilité des estimations pour ces variables doit être aussi élevée que possible pour une estimation fiable de la VAN.

Il convient de noter que l'analyse de sensibilité doit refléter les risques réels identifiés dans le plan d'affaires et non des variations arbitraires.

4. ANALYSE DE SCÉNARIOS

Le but de l'analyse de sensibilité et de l'**analyse de scénario** est d'étudier comment le projet fonctionnera dans diverses conditions. La principale différence entre les deux méthodes est que dans l'analyse de sensibilité, un seul paramètre est modifié à la fois, tandis que dans l'analyse de scénario, plusieurs paramètres sont modifiés en même temps pour représenter un scénario. Dans l'analyse de scénario, les modifications d'un ensemble de paramètres sont regroupées dans un scénario et l'effet est étudié. Le scénario doit être plausible.

Exemple 10.2: Analyse de scénario pour Super Translation Services Inc.

Question : Effectuer une analyse de scénario en considérant le meilleur cas où le volume des ventes est de 350000 mots au lieu de 300000 et la marge des coûts variables est négociée à 45% au lieu de 60% comme dans le cas de base et le pire des cas où le volume des ventes est de 50 000 mots seulement et la marge des coûts variables est de 65%.

Réponse : Les résultats sont présentés ci-dessous.

VAN pour le scénario de base :

Scénario de base	**VAN $**	**715**
Taux d'actualisation		25%
Prix $		0.25
Volume		300,000
Coûts fixes $		26,000
Marge des coûts variables		60%
CAPEX $		8,000

VAN pour le scénario optimiste :

Scénario optimiste	**VAN $**	**29,168**
Taux d'actualisation		25%
Prix $		0.25
Volume		350,000
Coûts fixes $		26,000
Marge des coûts variables		45%
CAPEX $		8,000

VAN pour le scénario pessimiste :

Scénario pessimiste	**VAN $**	**(16,688)**
Taux d'actualisation		25%
Prix $		0.25
Volume		250,000
Coûts fixes $		26,000
Marge des coûts variables		65%
CAPEX $		8,000

Cela permet de voir la plage de variation de la VAN, dans ce cas entre un minimum de -16 688 $ et un maximum de 29 168 $ avec une valeur de base de 715 $. Selon la probabilité estimée de chacun des trois cas, la valeur espérée (espérance mathématique) de la VAN peut être déterminée.

Selon les résultats de l'analyse des scénarios, des mesures d'atténuation peuvent être conçues pour contrer les effets négatifs d'un scénario donné.

5. Simulations de Monte Carlo

Les simulations de Monte Carlo sont une approche de la prévision qui a d'innombrables applications dans pratiquement tous les domaines d'activité. Ils sont basés sur l'utilisation de modèles de probabilité pour simuler le comportement des variables d'entrée incertaines d'un modèle et par une utilisation répétitive à grande échelle (par exemple 10 000 répétitions, une pour chaque valeur d'entrée générée aléatoirement) la simulation de Monte Carlo conduit à une évaluation probabiliste du comportement de la sortie du modèle. Cette approche probabiliste contraste avec la plus immédiate qui consisterait à supposer une valeur moyenne pour les intrants incertains et à déterminer la production correspondante. La variation aléatoire de l'entrée incertaine n'est pas capturée dans un tel cas. Cependant, avec la simulation de Monte Carlo, il est capturé par les modèles de probabilité supposés pour les entrées incertaines, qui peuvent être désignées comme les variables aléatoires du modèle. Par exemple, la variabilité de la VAN peut être déterminée par la simulation de Monte Carlo si au lieu de valeurs définies, on utilise des fonctions de probabilité pour la variable d'entrée CAPEX.

6. OPTIONS RÉELLES

L'approche des **options réelles** permet d'intégrer dans l'évaluation de la viabilité du projet des ajustements stratégiques qui peuvent être décidés par les promoteurs du projet dans le futur, pendant la durée de vie du projet, au lieu de se concentrer sur un scénario de développement de projet unique. Par exemple, des options d'expansion ou de lancement de nouveaux produits si l'avenir présente des conditions favorables au fur et à mesure que le projet traverse sa vie économique, peuvent être envisagées dans l'analyse. Ce sont les options réelles. L'option d'abandonner le projet si le marché réagit défavorablement peut également être envisagée dans l'analyse. Le terme « réelles » dans l'expression « options réelles » fait référence au fait qu'il ne concerne pas des options financières.

Les options réelles permettent de commencer avec un scénario de développement de projet de base modeste et de décider ultérieurement d'abandonner ou d'étendre le projet de différentes manières en fonction de la réponse du marché. L'objectif est de procéder à la valorisation du projet en tenant compte des opportunités représentées par le cas de base et des options réelles qui seront disponibles.

Les options réelles constituent une approche adéquate face à un nouveau marché. Les options réelles typiques incluent la différenciation de l'investissement, le développement du projet par étapes en fonction de la réponse du marché, l'expansion du projet ou son abandon du projet si cela devient à un moment donné l'option la plus viable. L'analyse probabiliste est utilisée pour modéliser l'occurrence des options réelles.

CONCLUSION

Le but d'une entreprise est de créer de la valeur pour ses propriétaires à travers la commercialisation de produits - biens ou services - à un prix supérieur à ce qu'ils coûtent. Il s'agit également de créer de la valeur pour la société en général grâce à la mise en marché de produits désirés et la promotion d'avantages sociaux tels que l'emploi ou la compétitivité des prix. Le succès de la création d'une entreprise d'investissement est donc très souhaitable et une évaluation financière adéquate est fondamentale pour atteindre cet objectif.

Comme il est illustré dans ce livre, l'évaluation financière d'un projet d'investissement est un exercice complexe qui doit être entrepris avec le soin approprié, faute de quoi des conclusions inexactes sur la valeur d'un investissement et ses risques associés seront tirées, conduisant à la destruction éventuelle de valeur et la perte d'un investissement.

L'évaluation financière d'un projet d'investissement est un élément constitutif de l'ensemble du processus d'évaluation d'une opportunité d'investissement. Les autres dimensions clés sont les analyses économique, technique, environnementale, sociale et de marché. Toutes ces analyses thématiques sont menées par itérations avec un niveau de détail progressif prenant l'ensemble de l'évaluation du projet à travers les étapes de définition du concept, étude d'opportunité, étude de préfaisabilité et étude de faisabilité du projet.

Il est de la plus haute importance que les contours du projet soient définis sans équivoque, dans le sens d'une clarté absolue sur ce qu'il fera et ce qu'il ne fera pas. Par ailleurs, seul le coût engendré par le projet, ou les surcoûts, doit être pris en compte dans l'analyse dans le cas d'un nouveau projet développé au sein d'une entreprise existante. Les estimations de coûts peuvent être basées sur des données secondaires telles que des informations documentaires et des estimations d'experts lorsque les études en sont encore au stade précoce de développement ; mais elles doivent être de source primaires, telles que les devis des fournisseurs, lorsque le projet est au stade de l'étude de faisabilité.

L'analyse du seuil de rentabilité constitue la première approche de l'évaluation financière et est applicable à chaque exercice comptable du projet pris isolément ou à l'ensemble du projet à la fois. Elle est conduite suffisamment haut dans les niveaux de bénéfices du compte de résultat, précisément au niveau de l'EBITDA. Il est donc important de garder à l'esprit que les dépenses autres que les coûts de production variables et les coûts de production fixes ne sont pas prises en compte. En effet, les amortissements, les charges d'intérêts et les impôts ne sont pas inclus dans l'analyse. L'analyse du seuil de rentabilité est un outil puissant pour fixer des objectifs aux directions opérationnelles d'une entreprise soucieuse de maîtriser ses coûts variables et ses coûts fixes pour maximiser la marge opérationnelle. L'analyse des contributions fournit encore plus d'informations sur la relation entre le profit et le niveau des ventes.

À un deuxième niveau d'analyse, l'étude des flux de trésorerie générés dans le temps peut être entreprise sans tenir compte de la valeur temporelle de l'argent. Les critères comptables tels que la période de récupération, le taux de rentabilité comptable ou le retour sur investissement sont des outils précieux pour évaluer la rentabilité et la liquidité du projet.

À un troisième niveau d'analyse, les flux de trésorerie générés par le projet peuvent être analysés en considérant la valeur temporelle de l'argent et les critères de flux de trésorerie actualisés tels que la valeur actuelle nette, le taux de rendement interne ou l'indice de rentabilité peuvent être utilisés pour déterminer ce que le projet peut créer comme valeur pour les investisseurs.

Dans le deuxième et troisième niveau d'analyse, le projet doit être évalué sur la base de l'entité autonome, c'est-à-dire sans les coûts de financement qu'il pourrait avoir à supporter à l'avenir. La raison est de séparer la décision d'investissement de la décision de financement. Dans le cas des techniques d'actualisation des flux de trésorerie, un taux d'actualisation suffisamment élevé reflétera indirectement le prix mis sur l'argent par les promoteurs, ce qui est une forme d'intégration des coûts de financement.

L'importance d'appliquer les critères d'évaluation des investissements mentionnés ci-dessus au flux de trésorerie disponible projeté du projet calculé sur la base de l'investissement initial et du flux de trésorerie d'exploitation CFE - et non à tout autre flux de trésorerie intermédiaire tel que la projection des bénéfices d'exploitation dans le temps - ne peut être surestimée. Les calculs doivent de préférence être effectués en terme réel, c'est-à-dire sans inclure l'effet de l'inflation dans les prévisions de ventes car la prévision de l'inflation elle-même ajoutera une couche supplémentaire d'incertitude.

La trésorerie est l'élément décisif clé dans l'évaluation des investissements car elle est moins perméable aux pratiques comptables, et la base de l'analyse doit être le flux de trésorerie disponible pour inclure correctement tous les facteurs - coûts de production ; impôts et coûts d'investissement.

La modélisation financière à travers le modèle à trois états fournit à l'analyste toutes les informations nécessaires sur le comportement de l'entreprise et les moyens d'en optimiser le rendement. Un modèle financier complet doit inclure au moins les six éléments suivants qui sont le calendrier d'amortissement, le calendrier de service de la dette, le calendrier du fonds de roulement, le compte de résultat proforma, le tableau des flux de trésorerie pro forma et le bilan pro forma. En pratique, l'analyste ne peut faire des prévisions financières que pour quelques années à venir, par exemple 5 ans, car au-delà de cet horizon, les prévisions peuvent être jugées plutôt hasardeuses et la valeur résiduelle estimée de l'entreprise sera ajoutée en tant que dernière entrée de trésorerie. La projection des ratios de rentabilité, de liquidité, de solvabilité, d'activité et de croissance de l'entreprise reflètera les intérêts de toutes les parties prenantes de l'entreprise, qu'il s'agisse des promoteurs, des financiers ou du gouvernement.

L'analyse de risques est un processus de consolidation de l'ensemble du travail entrepris en amont et se fait dans l'objectif de donner aux parties prenantes un sentiment de confiance ou de garantie quant à la valeur qui sera générée par le projet en cas de circonstances défavorables. La sensibilité des critères de performance du projet à quelques variables clés doit être examinée en détail, par exemple vis-à-vis des volumes de ventes projetées ou des marges sur les coûts variables. L'utilisation de diagrammes d'influence peut être utile pour obtenir un aperçu conceptuel du comportement du résultat du projet comme illustré par la VAN. Par conséquent, tous les efforts doivent être déployés pour disposer des données les plus fiables possibles et analyser l'effet des variables d'entrée les plus critiques sur le résultat du projet avant de tirer des conclusions et recommandations sur l'engagement des ressources.

Les résultats du scénario de base en termes de rentabilité du projet doivent être comparés aux meilleurs et pires scénarios, compte tenu de la probabilité que de tels scénarios se produisent. Les simulations Monte Carlo peuvent être un recours pour l'incorporation du caractère aléatoire dans les variables d'entrée du modèle financier et conduire à la projection du comportement statistique des résultats du projet.

Enfin, l'analyse des options réelles peut fournir aux sponsors du projet un aperçu de la manière dont l'entreprise d'investissement peut être pilotée de manière flexible dans le temps, par exemple en termes d'expansion, de réduction des effectifs ou de production d'une nouvelle gamme de produits, selon les circonstances futures, en vue de minimiser les risques et maximiser les rendements. L'analyse de risques aidera à consolider la base de décision et seules quelques variables critiques doivent être prises en compte.

Il convient de garder à l'esprit que les inducteurs fondamentaux de la valeur d'une entreprise au niveau de l'évaluation financière comprennent les besoins d'investissement en immobilisations et en fonds de roulement, les ventes projetées, la marge opérationnelle, les coûts de financement, les passifs fiscaux et le taux d'actualisation, qui doivent tous être soigneusement déterminés.

Lors de l'exécution, le principal moteur de croissance de l'entreprise sera la performance opérationnelle, la capacité à innover et à rester pertinent pour le marché ainsi qu'une saine gestion financière. À tout moment, il est important de maximiser la valeur de l'entreprise, ce qui dépend de sa rentabilité, de sa liquidité et de ses perspectives de croissance. La création de valeur pour l'investisseur se présente sous la forme d'un flux de dividendes plus les liquidités provenant de la vente de l'action en temps voulu, la somme des deux constituant le rendement total pour l'investisseur. La mission de l'analyste financier est d'évaluer et de prévoir de la manière la plus fiable possible la création de valeur globale attachée à une opportunité d'investissement.

BIBLIOGRAPHIE

Barrow, C. *The 30 Day MBA, Second edition*. London: Kogan Page, 2016.

Crundwell, F. Finance for Engineers – Evaluation and Funding of Capital Projects. London: Springer-Verlag 2008.

Dayananda, D.; Irons, R.; Harrison, S.; Herbohn, J.; Rowland, P. *Capital Budgeting – Financial Appraisal of Investment Projects*. Cambridge: Cambridge University Press, 2002.

Deltacpe LLC. *Accounting and Finance for Business Analysis.* 2014

Derome, R. *Économique de l'Ingénieur*, 2nd Edition. Montréal : Presses Internationales Polytechnique, 2009

Houdayer, R. *Projets d'investissement, Guide d'Évaluation financière*. Paris: Economica, 2006.

Humphreys, K. H. *Project and Cost Engineers' Handbook*, 4th edition. New York : Marcel Dekker, 2005.

Lebidois, J. *Finance pour les Ingénieurs – La valorisation des projets*. Paris: Maxima, 2013.

Mc Laney, E.; Atrill, P. Accounting – an Introduction, 5th edition. Harlow: Pearson Education, 2010.

Newman, D.; Eschenbach, T.; Lavelle. Engineering Economic Analysis. Oxford: Oxford University Press, 2004.

Pignataro, P. Financial modeling & Valuation – A practical guide to investment banking and Private equity. New Jersey: Wiley, 2013.

Rad, P. F. *Project Estimating and Cost Management*. Vienna, VA: Management Concepts, 2002.

Rehber, E. Financial analysis of investment projects. Research gate, January 1999 (https://www.researchgate.net/publication/301205233)

Ribeiro, J. M. Gestion des projets de Développement International. Montréal: Presses Internationales Polytechnique, 2015.

United Nations Industrial Development Organization (UNIDO). *Investment Projects Preparation and Appraisal*, 2005.

Walsh, C. Key Management Ratios, 4th Edition. Harlow : Pearson Education 2008.

INDICE

GLOSSAIRE FRANÇAIS - ANGLAIS

Actifs courants	Current assets
Actifs fixes	Fixed assets
Actifs non courants	Non-current assets
Actifs totaux	Total assets
Amortissements / Dotation aux amortissements	Depreciation and amortization
Analyse de rentabilisation	Business case
Bénéfices avant impôts	Earnings Before Taxes (EBT)
Bénéfices avant intérêts et impôts (BAII)	Earnings Before Interest and Taxes (EBIT)
Bénéfices avant intérêts, impôts et amortissement (BAIIA)	Earnings Before Interest Tax Depreciation and Amortization (EBITDA)
Bilan / Bilan comptable	Balance sheet
Capitaux propres ou fonds propres	Owners' equity
Compte de résultat	Income statement
Comptes créditeurs	Account payable
Comptes débiteurs	Account receivable

Contribution par unité	Contribution per unit
Contribution par vente	Contribution per sale
Coût des biens vendus ou coût des ventes	Cost of Goods Sold (COGS)
Coûts fixes	Fixed costs
Coût moyen pondéré du capital (CMPC)	Weighted average cost of capital (WACC)
Coûts variables	Variable costs
Dépenses en capital	Capital expenditure (CAPEX)
Dépenses opérationnelles	Operational expenditure (OPEX)
Éléments non récurrents	Non recurrent items
Flux de trésorerie	Cash-flow
Flux de trésorerie disponible	Free cash flow
Flux de trésorerie provenant des activités d'exploitation	Cash-flow from operating activities
Flux de trésorerie provenant des activités d'investissement	Cash-flow from investing activities
Flux de trésorerie provenant des activités de financement	Cash-flow from financing activities
Fonds de roulement	Working capital
Fonds de roulement opérationnel	Operating working capital
Fonds propres	Owners' fund
Frais de vente, généraux et administratifs	Selling, general and administrative expenses (SG&A)
Immobilisations corporelles	Property, plant, and equipment (PPE)
Passifs courants	Current liabilities
Prêt à long terme	Long-term loan
Profit opérationnel net après impôts	Net operating profit after tax (NOPAT)
Ratio de trésorerie	Quick ratio / Acid test
Ratio du fonds de roulement	Current ratio
Seuil de rentabilité	Break-even point (BEP)

Seuil de rentabilité pour un niveau de profit	Break-even profit point
Tableau des flux de trésorerie	Cash-flow statement
Taux de rendement interne (TRI)	Internal rate of return (IRR)
Valeur actuelle nette (VAN)	Net present value (NPV)
Valeur future	Future value
Valeur nette	Net worth
Valeur présente	Present value

TABLE DES MATIÈRES

Structures éditoriales du groupe L'Harmattan

L'Harmattan Italie
Via degli Artisti, 15
10124 Torino
harmattan.italia@gmail.com

L'Harmattan Hongrie
Kossuth l. u. 14-16.
1053 Budapest
harmattan@harmattan.hu

L'Harmattan Sénégal
10 VDN en face Mermoz
BP 45034 Dakar-Fann
senharmattan@gmail.com

L'Harmattan Congo
219, avenue Nelson Mandela
BP 2874 Brazzaville
harmattan.congo@yahoo.fr

L'Harmattan Cameroun
TSINGA/FECAFOOT
BP 11486 Yaoundé
inkoukam@gmail.com

L'Harmattan Mali
ACI 2000 - Immeuble Mgr Jean Marie Cisse
Bureau 10
BP 145 Bamako-Mali
mali@harmattan.fr

L'Harmattan Burkina Faso
Achille Somé – tengnule@hotmail.fr

L'Harmattan Togo
Djidjole – Lomé
Maison Amela
face EPP BATOME
ddamela@aol.com

L'Harmattan Guinée
Almamya, rue KA 028 OKB Agency
BP 3470 Conakry
harmattanguinee@yahoo.fr

L'Harmattan Côte d'Ivoire
Résidence Karl – Cité des Arts
Abidjan-Cocody
03 BP 1588 Abidjan
espace_harmattan.ci@hotmail.fr

L'Harmattan RDC
185, avenue Nyangwe
Commune de Lingwala – Kinshasa
matangilamusadila@yahoo.fr

Nos librairies en France

Librairie internationale
16, rue des Écoles
75005 Paris
librairie.internationale@harmattan.fr
01 40 46 79 11
www.librairieharmattan.com

Librairie des savoirs
21, rue des Écoles
75005 Paris
librairie.sh@harmattan.fr
01 46 34 13 71
www.librairieharmattansh.com

Librairie Le Lucernaire
53, rue Notre-Dame-des-Champs
75006 Paris
librairie@lucernaire.fr
01 42 22 67 13

www.ingramcontent.com/pod-product-compliance
Lightning Source LLC
LaVergne TN
LVHW011012061026
849535LV00006B/1841